绩效领导力

从绩效1.0到绩效3.0

PERFORMANCE + LEADERSHIP

沈小滨　贺清君 / 著

中国法制出版社
CHINA LEGAL PUBLISHING HOUSE

图书在版编目 (CIP) 数据

绩效领导力：从绩效 1.0 到绩效 3.0 / 沈小滨，贺清君著 .—北京：中国法制出版社，2020.1（2023.3 重印）

ISBN 978-7-5216-0477-1

Ⅰ. ①绩…　Ⅱ. ①沈…　②贺…　Ⅲ. ①企业绩效 – 企业管理　Ⅳ. ① F272.5

中国版本图书馆 CIP 数据核字（2019）第 185283 号

策划编辑：潘孝莉

责任编辑：郭会娟（gina0214@126.com）刘　悦　　封面设计：汪要军

绩效领导力：从绩效 1.0 到绩效 3.0

JIXIAO LINGDAOLI：CONG JIXIAO 1.0 DAO JIXIAO 3.0

著者 / 沈小滨　贺清君

经销 / 新华书店

印刷 / 北京虎彩文化传播有限公司

开本 / 880 毫米 ×1230 毫米　32 开　　印张 / 8.25　字数 / 228 千

版次 / 2020 年 1 月第 1 版　　2023 年 3 月第 2 次印刷

中国法制出版社出版

书号 ISBN 978-7-5216-0477-1　　定价：69.00 元

北京市西城区西便门西里甲 16 号西便门办公区

邮政编码：100053　　传真：010-63141600

网址：http://www.zgfzs.com　　**编辑部电话：010-63141819**

市场营销部电话：010-63141612　　**印务部电话：010-63141606**

（如有印装质量问题，请与本社印务部联系。）

目 录

CONTENTS

第三章 为团队赋能——巧妇难为无米之炊

如何通过对团队赋能激活团队，点燃团队热情？作为管理者必须深入思考。好的业绩都是领导出来的，但是领导带领的团队是否有能力，这成为绩效达成的考验点。

第四章 构建优秀的绩效文化——唯有文化生生不息

他们经常困惑一个事情："为什么前期工作那么充分，花了那么多的时间探讨战略目标、探讨目标分解、探讨行动计划，每个人的考核指标都定得很清晰了，也都讨论了很多轮，最终考核结果仍然不能如实反映在企业的经营结果上？为什么绩效管理实施了那么久，经理的行为还是我行我素，员工还是不能自动自发，绩效考核结果还是迟迟出不来？

第五章 战略目标分解与设定——企业各级指挥官的智慧

企业战略目标决定着关键绩效指标，关键绩效指标是对企业战略目标的进一步分解和细化。

第六章 狠抓关键 KPI——不要眉毛胡子一把抓

在绩效考核上，如果不能通过抓住问题的主要矛盾，琢磨出考核关键点让考核变得简单并且有明确的目标驱动，被考核者就会迷失方向。

第七章 绩效风险控制——定考核指标要留有余度

何为绩效风险？是指在绩效考核实施过程中，由于没有正确处理考核体系中各个部分之间的关系，导致考核结果与目标有偏差，从而给企业管控带来损失的可能性。

第十章 绩效与激励——基于人性做好多元化激励

要想实现考核的激励作用，首先一个良好的考核制度是必不可少的。只有员工对考核制度满意，才能充分地调动起员工工作的积极性，进而更好地为公司服务，使公司更好地发展。因此，激励作用首先就是能够调动员工工作的积极性。

第十一章 绩效辅导——让优秀人才脱颖而出

作为一名优秀的管理者，如何做好绩效辅导，让优秀人才脱颖而出？在绩效管理中，直线管理者应扮演哪几个角色，做好哪些工作？

第一章

绩效管理顶层战略设计
——更高视角审视绩效

企业为什么要做绩效管理？这个问题看上去似乎简单得不值得回答，或许很多人认为这个问题无足轻重。但是，我们却不得不承认，绩效管理在企业管理中起着至关重要的作用。

1.1 为什么要做绩效管理?

德鲁克在管理学的奠基之作《管理的实践》中提出过三个经典问题:我们的事业是什么?我们的事业将是什么?我们的事业究竟是什么?目的决定方向,绩效管理也是一样。

当然,不同的立场对这个问题的见解也不同。企业为什么一定要进行绩效管理,我们可以从企业层面、管理者层面、员工层面三个方面去理解。

1. 推动企业发展

绩效管理在企业整体运营中的重要性不言而喻,它是企业战略实施的有效工具。企业通过绩效管理,就是要去客观评价全体员工的工作业绩、业务技能、工作态度及工作适应与胜任程度等,同时激励和指导员工不断改进工作,促进企业实现预期目标,并逐步形成以绩效为中心的管理体系,最终实现持续经营发展的战略目标。

2. 管理者实现经营目标

管理者是企业的核心领导者,他们承担着企业经营成败的责任。没有一个管理者是不渴望取得成功的，企业经营目标的完成则需要绩效管理的充分保障与护航。

首先，管理者需要向员工传递企业的经营管理理念与文化，赢得员工的认可；同时明确企业的经营目标，号召并带领员工“劲儿往一处使”，朝一个方向共同努力。

除此之外，管理者要让员工明确工作中的重要部分、该如何去做、要做到什么程度、如何衡量做得好坏，以及工作业绩相对应的报酬与奖励。

3. 员工个人价值体现

在行业基层单位，有些员工对绩效管理的认识存在偏差，认为绩效管理就是整人，扣罚工资、奖金，从而产生抵触情绪。其实，绩效管理的根本目的是更好地激励员工、成就员工，在过程中提高员工的综合技能与素质，同时优化人员结构，改进工作方式与方法，进一步提升业绩并且让公司与个人保持良好的持续发展。

其实很多员工也希望能通过工作实现自身的价值，获得他人的认可，并得到应有的报酬。“多劳多得本身就是最大的公平”，以业绩论英雄才能够被公平评价和对待。

如果没有绩效评价，业绩做好、做坏一个样子，谁还玩命儿地工作呢？从这个意义来讲，没有绩效就没有公平的评价。

1.2 让绩效成为战略落地抓手

对于绩效管理、绩效考核的抱怨之声一直没有断过：企业的负责人、人事总监会说，绩效管理流于形式不见成效，年度季度的考核成了“例行公事”；一线经理和员工会说，绩效考核就是为了上“紧箍咒”，变相地扣罚工资和奖金；同时，负责绩效考核的人事也觉得自己受了“夹板儿气”，一边要扛住公司的压力，一边还要被员工“恨之入骨”，费力不讨好。

那么，怎样才能促使绩效管理成为战略落地的推手和保障，又不至于被“不待见”呢？可以考虑从以下三个方面入手：

1. 统一绩效理念和价值观

要想绩效管理顺利进行，首先重要的是得到员工的理解与认同。只有得到员工的支持，才能够顺利地推行绩效管理。在绩效理念推广的过程中，根据企业规模的大小、管理是否规范，以及管理者的管理水平、员工的整体素质等各有不同，其应对的方式也不同，需要“对症下药”，如通过宣讲、培训、针对性沟通等方式，进行绩效理念的推广与普及。

然而，推广绩效理念的前提有三点：一是绩效理念要贴合企业的价值观和文化，以便得到公司管理层的支持，易于员工接受；二是绩效管理要符合企业战略目标和发展方向，要成体系、要流程清晰；三是绩效理念的推行要全面：必须是全员参与、全员认可、全员执行，支持度才会高，才能达到绩效管理的预期效果。

2. 形成绩效战略体系

员工的思想工作做通了，接下来就要开始具体实施。绩效管理体系的构建是企业在绩效管理及实施过程中的流程指导、操作说明和结果保障。同时，部门、岗位员工分层、分级的绩效 KPI 设计也是构建战略绩效管理体系的重点和难点。

➢ **部门 KPI 的制定**

部门 KPI 来自企业年度经营目标体系的分解，通过分解使各部门初步获得部门指标体系。同时，根据部门的职能要求提炼部门 KPI，根据内部利益相关者分析设置 KPI 指标。在对企业年度经营目标进行有效分解后，明确并保持各个链条之间的平衡关系，并不断进行完善，促进经营目标的达成。

➢ **岗位 KPI 的制定**

岗位目标的设定要兼顾岗位职责的履行，要从工作的质量、数量、时间、成本或满意度方面进行量化，同时要确保目标的设定能贯彻公司级、部门级的重点战略和目标，从而使绩效考核体系形成闭环。

3. 采用有效的绩效管理工具

绩效管理操作往往流于形式的原因是考核不下去或者数据来源不准确。提供不了准确数据，信息流滞后造成绩效管理流于形式。

因此，企业要为绩效管理的有效操作建立强大的数据神经系统。比如，金蝶软件公司，在全国各大城市都有分支机构，他们每年都要开展浩大的绩效管理工作。因此，金蝶自己开发了绩效管理数据系统、ERP 系统、E-HR 系统、CRM 客户关系管理系统、OA 办公系统等，使信息随时流通、数据准确传递，实现了全员绩效管理。

企业绩效管理不能一蹴而就，需要循序渐进。需要不断修正调整，遵循 PDCA 循环，在领导者上行下效、全员参与的平台上扎实实施，才能形成绩效管理文化，达成企业绩效战略。

1.3 管理者推行绩效做好定位

在企业中，最了解某部门或某岗位工作成效的单位，往往不是人力资源部，而是其直接主管单位或直接授受其工作成果的单位。在这种情况下，人力资源部间接发力的话，难免会剑走偏锋。那么，企业绩效管理究竟应该由谁来负责呢？要想弄清这个问题其实并不难，首先要分析绩效管理的目的和目标，因为不同的目的和目标会要求不同的管理结构和管理模式。通常，绩效管理的目的有两个：一是用于指导企业内部利益分配；二是指引和修正企业日常工作和员工行为，使企业能够顺利实现战略目标。

在实践中，企业首先关注的是绩效考核成果指导企业利益分配的价值，而绩效管理的战略导向和纠偏价值，常常居于次要地位。

因而会出现各部门绩效考核结果都很优秀，而企业的经营业绩平平的状况。其原因就在于绩效管理过程流于片面，绩效指标不能真实、全面地分解企业战略目标，也不能真实度量各部门及员工对企业的真实贡献。按照平衡记分卡等绩效管理思想，绩效管理的首要目的是实现企业对经营管理过程的高效控制，实现企业整体绩效的持续改善与提升，然后才是将绩效考核结果用于员工晋升、奖惩和利益分配。

明确上述原理，就会发现：从企业经营目标这一源头出发，总体负责组织各单位实现企业目标的单位就是绩效管理的首要负责部门。在企业中，这样的部门通常是综合管理部、企划部、企业管理部等综合性管理部门，不是人力资源部。那么，企业绩效管理是否只需要由综合管理部门来完成呢？考核关系需要与管理关系保持一致，因为不同的绩效指标的信息需要从不同的主体处获得，只有让对该项指标最有发言权的主体对其进行评价才是最为高效的。

1.4 从绩效考核到绩效管理

在很多人眼中，绩效考核只在月底、季度末或年底的时候对员工的工作表现进行评分，作为绩效工资或者奖金发放的依据。这种观点把绩效考核仅仅局限在绩效评价方面，是非常片面的，并没有完全理解绩效考核的真正意义。

绩效考核与绩效管理虽然只有两字之差，但是涵盖的内容、折射的思想理念等很多方面都存在差别：绩效管理是指通过人力资源管理来保证企业以最佳途径和方法达成特定的使命和目标。因而绩效管理是一个对绩效总体工作把控的过程。而绩效考核是指评估对照工作目标或绩效标准，采用科学的考评方法，评定员工的工作任务完成情况、员工的工作职责履行程度和员工的发展情况，并且将评定结果反馈给员工的过程。

从一定意义上讲，绩效考核是绩效管理的核心，绩效考核是绩效管理中的一个重要环节，它从制度上明确了员工和企业考核的具体程序和方法，为绩效管理的运行和实施提供了前提和管理依据。

1.5 从绩效管理到绩效领导

1. 转型、创新、升级

企业转型、创新和升级，是企业在今后相当长的一段时间内的新常态。企业管理方式的转型，是企业转型、创新和升级的重要前提。如何从管理到领导，成为当下中国企业的一个重要课题。

例如，PMI 的调查数据指出，一个好的项目经理，一是要有专业技术能力，二是要有领导力，三是要拥有战略和商业思维能力。这个三角形模型，对于企业一般领导者而言，也具有重要的指导意义。回到企业当下面临的问题和困境，我们来看一看，企业转型为什么需要从管理到领导，企业转型为什么特别需要领导力。

第一，转型、创新和升级，首先需要方向引领。大家越是在迷茫的时候，感到困难的时候，不知道做什么的时候，就越需要有一个强有力的领导者站出来，给大家指出方向。领导者的方向何来？领导者的勇气何来？领导者的力量何来？领导者的动力何来？这一切，靠的就是领导者自身的领导力。

第二，转型、创新和升级，其背后的秘密是什么？什么情况下一个人会有创新？无数的生活经验告诉我们，当一个人的个性得到极大张扬的时候，然后才会有创新。那么，对于一个企业来讲，领导者要构建一个什么样的环境，可以让每一个人的个性得到极大的张扬呢？总之，创新和领导力这个话题分不开。

第三，现在企业普遍面临一个劳动力难题，即当下“85后”“90后”“00后”这一代新新人类，他们正在成为生产和生活的主力军，但如何管理他们，正面临严峻的挑战。过去的传统管理方式已不适应，如何更好地管理和领导他们，如何从管理到领导，以适应这一代独生子女的独特诉求，迫在眉睫。

事实上，企业要想实现成功转型、创新和升级，都与领导力有关。

中国的企业管理，正经历一个从粗放到精细化管理的过程，绝大多数的企业管理还处在简单粗暴的阶段，强调服从和执行力，强调就结果要结果，强调强奖惩。企业转型、创新和升级，需要新方式和新方法，需要加强如下三方面领导能力：

第一，从“逼”结果到“促”结果。

我们在企业咨询和培训的实践中发现，所谓管理，绝大多数都是“逼”结果，而不懂得“促”结果。逼不出结果，就进行强奖惩。有些事情可以“逼”出来，但更多的事情，却是“逼”不出来的。从“逼”到“促”，是完全不同的思路和方法。转型、创新和升级，是不能靠简单的“逼”得到的，逼是逼不出来的，如何从“逼”结果到“促”结果，如何激发和激励团队的激情和智慧，是中国企业转型、创新和升级特别需要做的一件事情。

第二，从事后救火到事前管控。

企业管理者经常抱怨，现在压力很大，整天忙于“救火”。为什么需“救火”的事情那么多，本质上，还是事前的管控做得不好，引领得不够。我们需要更多的领导者，需要更多能够挑战现状和使众人前行的有前瞻性的领导者来改善我们的机制与流程。工作的重点，要从事后走向事前。

第三，从依赖能人到依赖团队。

中国企业的 CEO（Chief Executive officer，首席执行官）、一把手、总经理，大多是超级能人，不少小企业的成功都是个人英雄主义的成功。

企业下一步转型、创新与升级，恐怕不能仅仅依赖于一个能人。如何从依赖能人到依赖一个体系和团队，如何让人人成为领导者，人人成为 CEO，每个人都成为一个一个的小发动机，这是企业转型面临的真问题和真挑战。因此，从管理到领导，是目前企业转型的第一推动力。

2. 从管理到领导的转变与实现

如何从管理到领导，首先要深入理解到底什么是领导力，其本质是什么。在领导力大师库泽斯和波斯纳著名的《领导力》一书中，是这样定义领导力的：领导力就是动员大家为了共同的愿景而努力奋斗的艺术。这是对领导力的一个经典定义。请注意，这里有三个特别重要的主题词：动员、愿景、艺术。仔细想一想，什么时候领导者会做动员，好的领导者在做动员的时候，会做什么，特别让人受启发。总之，谈钱的时候少，谈崇高的精神的时候多。如何谈精神，谈什么样的精神，这的确是一门艺术！想一想战士出征前，将军们会做什么？想一想奥运冠军出征前，教练们会做什么？如何动员群众，如何最大限度地激发一个人，是领导力的全部学问。笔者更愿意把领导力这门学科，不仅仅当作艺术，还应当作一门科学，应该是“科学＋艺术”的综合体。领导力不仅仅是艺术，还应是科学。艺术与科学的最大区别是艺术具有一定的环境可变性，会因时、因地、因人而有所不同，而科学则是普遍适用的，不会因时、因地、因人而有所不同。

➤ 领导力的第一要素是要做启动

启动的意思是什么？启动指的是在团队没有方向，不知道做什么的时候，需要一个领导者站出来，为团队指明方向，为团队明确目标，让团队从静止的不动状态运动起来。领导者扮演的就是第一启动。领导者凭什么做启动呢？领导者的方向感从何而来？领导者的动力从何而来？所有的这一切，只能来自他的内心、他的理想与信念。领导者是孤独的，领导者永远是一个能够自动自发的人，是一个懂得首先独舞，然后带领大家一起群舞的领舞人。

➢ **领导力的第二要素是要做推动**

好的领导者，无论是在政府机关还是在企业，必须要有推动能力。做任何一件事情，不可能没有困难，不可能没有不确定性，不可能没有风险。所谓推动，意思是说，当面临困难和挑战的时候，领导者能够带领团队，见山凿洞，遇河搭桥，克服一切艰难险阻，直至达成目标。能否把一件事情做成功，最考验领导者的真实能力。

➢ **领导力的第三个要素是恒动**

一件事做完了以后，好的领导者还要做什么？他不能说这件事做完就完了，还要会总结和思考，要想一想之后的恒动。这件事我们做得好的方面是什么？做得不好的方面是什么？我们从中学到了什么？我们如何把经验教训转化为团队的智慧？我们如何把学到的经验与教训转化为企业的机制与流程？企业如何才能长期健康发展，企业的机制与流程建设如何构建，所有的这一切，全与"恒动"思考有关，这绝对是一门学问。

➢ **领导力的第四个要素是鼓动**

启动在事前，推动在事中，恒动在事后，在事前—事中—事后这一过程中间领导者要做什么？一名好的领导者，会做什么样的鼓动工作？未来是光明的，前途总是曲折的。当团队面临困难的时候，当团队丧失信心的时候，当团队干劲不足的时候，当团队想撤退的时候，这个时候领导者要做什么？这个时候，我们特别需要领导者做宣传与鼓动工作，做啦啦队长，给团队打气，给团队输入信心和力量。好的领导者永远是一个乐观主义者，是团队的激励者。领导者永远充满着激情，充满着信心，不断激励着团队勇于前行。

领导力一小步，企业一大步。企业转型，需要从管理到领导。

美国人类学家玛格丽特·米德曾说过一段名言，她说，“我们永远不要怀疑，一小部分有理想、愿意奉献的人，能够改变这个世界。事实上这个世界也正是这样被改变的”。这是她的原话，我做一个替换，对于企业领导者来说，并且对于党政系统的领导者也同样适用：我们永远不要怀疑，一小群有思想、有使命感的领导者能够改变中国，事实上中国也正是这样被改变的。

1.6 打造良好制度流程规范

绩效管理是指企业中的管理者，通过设定员工的工作目标与工作内容提升员工的工作能力从而评价和激励员工工作成果的一系列过程。

绩效管理也是企业人力资源管理体系中最核心和最关键的模块。只有把企业的价值观和经营理念与员工的价值创造紧密匹配起来，正确激励和引导员工，才能实现企业价值与员工利益的双赢。

绩效管理体系的实施需要经历PDCA（计划——实施——评价——反馈）这个完整的流程。

1. 绩效计划

绩效计划是绩效考核实施计划制订的过程，企业各级管理者需将考核周期内员工工作目标、工作内容、工作完成具体要求等作出明确说明并且与员工达成一致。

绩效计划最终要完成以下内容：

- 通过《岗位职责说明书》、年度任务等提炼出绩效考核指标，其中年度可量化的任务指标需要企业多次召开会议并且与各级负责人协商确定；
- 确定企业总体考核指标，层层分解到各个部门和岗位，各部门要对绩效任务完成的可行性进行充分的内部研讨；
- 每个岗位筛选并确定关键考核指标；
- 确定考核指标权重、目标值和考核分数计算方式；
- 编制年度绩效考核计划，详细落实相关《绩效计划书》或《年度绩效考核任务书》。

验证绩效计划做得好坏的最终标准是企业年度目标与部门目标一致，考核权重充分由不同责任主体承担，绩效标准定义清晰并得到相关联系人的承诺认可。

2. 绩效实施

绩效考核的目的不是处罚和难为员工，而是通过不断提升员工工作绩效从而提升企业总体绩效。这就要求企业各级管理者在整个绩效考核周期内需要持续与员工进行绩效沟通，及时发现在工作过程中出现的问题，通过不断指导来帮助员工改进工作、解决问题。

3. 绩效评价

绩效评价是绩效考核中的关键环节，绩效评价主要是通过一些考核评价方法，对员工的工作表现作出评价（或评分）。

4. 绩效反馈

绩效反馈是被很多企业忽略的一个环节，但如果绩效反馈做得不好或缺失，会使前面的绩效考核成果大打折扣。

绩效反馈是指在绩效考核周期结束后，企业各级管理者要及时对自己的下属员工进行绩效评价的面谈，将考核结果及时反馈给员工，鼓励好的方面，同时指出不足和需要改进的方面。

影响员工工作绩效的因素有很多（参见图1-1），不仅仅是知识、技能，还有员工工作动机、价值观、工作态度以及个人特质等因素。

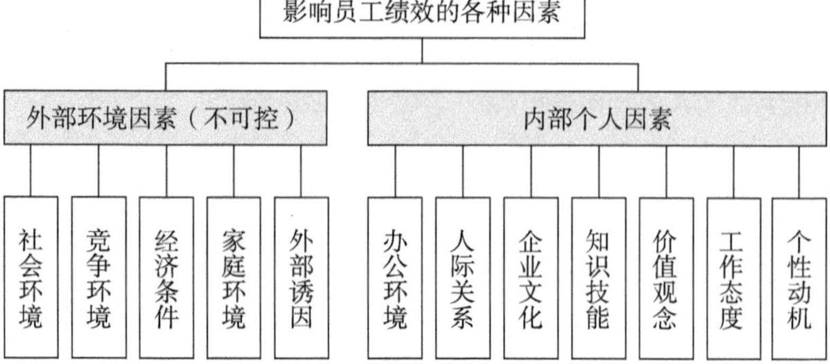

图1-1 影响员工绩效的多种因素

绩效沟通的关键价值包括：

- 将绩效考核作为绩效提升的有效手段；
- 做好业绩过程监控，及时发现并解决问题，不断改进各项工作；
- 及时发现各项管理中的薄弱环节并找到解决问题的方法；
- 对于执行不力和表现欠佳的员工要有绩效考核应对方案。

绩效沟通最重要的目的是达到目标管理和计划管理。有效的绩效沟通通过绩效面谈来实现。各级主管经理首先要注意培养自己的倾听技巧：

- 以充分沟通而不是惩处为目的：坦诚沟通，认真分析问题；
- 对事不对人：当员工做错事或处事不当时要避免对人不对事；
- 主管要积极聆听：多听少说让下属充分表达自己的意见；
- 切忌和无关的人员对比：有些时候和无关人员对比会打击员工积极性；
- 功过分明：绩效沟通过程中切忌“泼冷水”，如果员工做了一件好事则应及时表扬和鼓励；
- 注意说话技巧与态度：作为一个聆听者，要表现出对下属谈话内容的兴趣，确保充分有效的沟通；
- 对于合理化意见要及时落实：通过绩效反馈的意见要收集并进行系统总结。

第二章

打造高绩效领导团队
——兵熊熊一个，将熊熊一窝

业绩的背后是团队，团队的背后是领导。领导者如何打造一支高绩效的团队？

2.1 高绩效团队领导者要做三件要事

法国工程师林格曼曾经设计了一个引人深思的拉绳实验：把被试者分成一人组、二人组、三人组和八人组，要求各组用尽全力拉绳，同时用灵敏的测力器分别测量其拉力，结果，二人组的拉力只是单独拉绳时二人拉力总和的 95%；三人组的拉力只是单独拉绳时三人拉力总和的 85%；而八人组的拉力则降到单独拉绳时八人拉力总和的 49%。这个结果对于如何挖掘人的潜力，搞好人力资源管理，具有研究价值。“拉绳实验”中出现 1+1<2 的情况，这与我们常见的认知，团队的力量应该是 1+1>2，正好相反。从物理学的角度，只要众人的发力方向与节奏有一点不一致，其合力就会减少。人越多，这种干扰的现象越严重。由此，在企业管理中给我们的一个启示是，如果一件事情可以由一个人来做，最好不要安排两个人。

拔河如何取得胜利，涉及众多的成功要素，我们都有这样的成功经验。比如说，清晰的目标，团队的领导，统一的指挥，节奏的一致，高昂的士气和步调的一致。把胖子放在前面，还是后面？这事实上是一个组织结构设计的问题。此外，如何提升士气，我们发现，如果能找到校花，让校花在旁边督战，团队的战斗力就会极大地增强。这是一个激励的问题。与拔河相类似，团队的绩效要想提升，也会涉及相类似的关键成功要素。

总结起来，对于高绩效的团队来说，领导者要做三件重要的事情：

1. 战略引领
2. 价值观领导
3. 执行推动

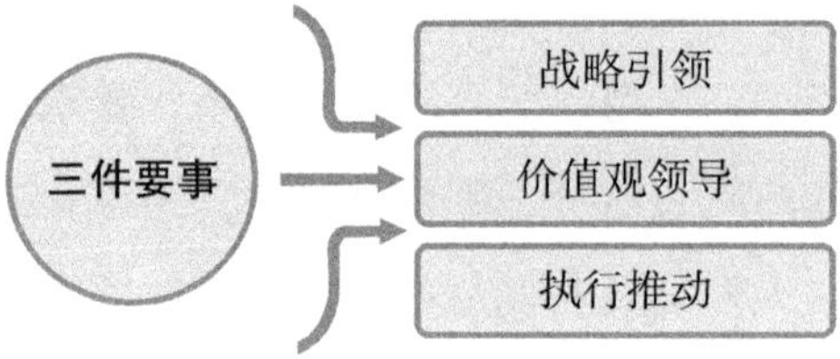

图 2-1 打造高绩效团队：领导者的三件要事

2.2 实施战略引领，让团队做正确的事

如何评价团队的绩效？决定团队绩效高低的一个重要因素，是团队每一个成员的绩效不能跑偏。举一个案例，刘翔的110米跨栏，跑得快慢首先有一个前提，即他的方向不能跑偏了。如果方向跑偏了，刘翔跑得越快，则成绩越差。当然，正常情况下，刘翔是不会跑偏的。但在企业管理中，团队成员跑偏的情况却是经常发生的，做的工作并不是领导想要的，或是公司想要的。团队很忙，但是在瞎忙。把瞎忙叫作穷忙，非常形象和生动。穷忙的背后，意味着无

用功，不仅浪费了公司宝贵的人力、物力，同时还会因为得不到认可而打击团队的士气。如何减少穷忙？如何让大家在一个方向上，用华为任正非的话说，力出一孔，利出一孔，让团队的绩效最大化，这是团队领导要做的第一件要事。

战略决定目标，目标决定行动，行动决定结果。如何让团队做正确的事情，首先就是要明晰战略，明确目标。绩效考核不是为了考核而考核，也不是为了管理而管理。本质上，企业重视什么，就考核什么；企业缺什么，就抓什么。绩效管理是一套系统、一个抓手，帮助企业的战略执行与落地。在绩效管理方面，我们发现企业的一个最大的问题、排在第一位的问题，是没有正确理解绩效管理的战略属性，把绩效管理用成了一个战术工具，一个 HR 驱动的管理项目。大家最为困惑的问题、争论的焦点，就总是围绕着这样的难题：末位如何淘汰、绩效结果如何挂钩、甚至绩效要不要做、绩效主要看结果还是过程、价值观与行为占多少，等等。所有这些问题，不站在战略的高度，不站在老板的高度，都是无解的。

如何明晰绩效战略？其中最重要的一个落地工具就是经典的“平衡计分卡”。

平衡计分卡（Balanced Score Card），源自哈佛大学教授罗伯特·卡普兰（Robert Kaplan）与诺朗顿研究院（Nolan Norton Institute）的执行长大卫·诺顿（David Norton），他们于 1990 年开展了一个课题研究，探索“未来组织绩效衡量方法”，当时该计划的目的，在于找出超越传统以财务量度为主的绩效评价模式，以使组织的策略能够转变为行动。

非常有意思的是，卡普兰当时是财务学系的教授。经过将近30年的发展，平衡计分卡如今已经发展成为集团战略管理的工具，开发了一卡、一图和一表三个落地的实操工具，在企业战略规划与执行管理方面发挥着非常重要的作用。

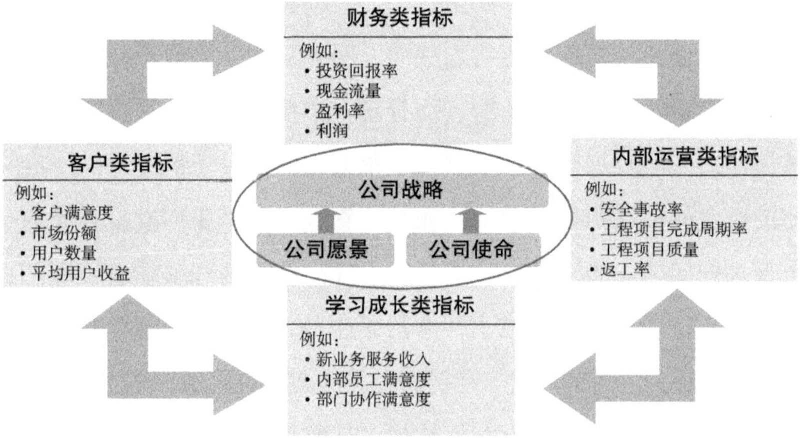

图 2-2　一卡：平衡计分卡及其四个维度

平衡计分卡是一个涉及四个维度的目标体系，即财务维度、客户维度、内部运营维度和学习成长维度。平衡计分卡反映的是企业的运作规律，四个维度之间存在着紧密的逻辑关系。

- 企业经营的好坏，需要用财务指标来衡量；
- 企业的赢利或挣钱从哪里来？从客户中来；
- 客户所需要的产品与服务从哪里来？从企业的运营流程体系中来；
- 企业流程体系如何不断创新？靠员工团队的学习和成长，员工团队要学习什么、培养哪些方面的素质与能力？

卡普兰总结出，要培养三大无形资产的能力，即人力资本、信息资本和组织资本。企业经营，在本质上，是不断把无形资产转化为有形资产的过程。

企业中高管领导者要做好战略引领，就是要运用平衡计分卡，首先做好战略思考，设计一套符合企业发展的目标体系，指引企业的发展。战略引领要解决三个方面的主要问题：

第一，明确战略重点，并用战略地图呈现出企业战略，指导团队的行动，确保不跑偏；

第二，设计好目标体系，涵盖财务、客户、内部运营和学习成长四个维度的目标体系，而不只是纯粹的财务指标。

第三，做好目标分解。绩效目标的分解，不只是财务指标的数字分折。目标的分解涉及如下五个方面：一是战略如何转化为目标；二是目标如何转化为计划；三是计划如何转化为行动；四是行动如何转化为结果；五是结果如何进一步改进和提高。这是一套完整的PDCA闭环体系。

2.3 实施价值观领导，发挥更大影响力

企业战略制定以后，企业领导干部就是战略实现的决定因素。

如果说目标管理是对结果管理的话，那么文化与价值观的管理则是对人的行为与态度的管理。如何做好人的行为与态度的管理，

是考验一个领导者的关键。凭什么影响一个人？影响力的因素可以有很多，从金钱、权力、利益，到思想、行为和魅力，都可以影响人。

影响力的时间可长可短。能够影响人1000年的，我们把它叫作圣人；能够影响人100年的，我们把它叫作伟人；能够影响人10年的，我们把它叫作能人；能够影响人几年几天的，那就是普通人。如何影响人，体现一个人的领导力水平的高低。

企业中的高管领导者，如何实施价值观的领导，发挥更大的影响力，统一更多的人的思想与行为，是一门大学问。在这方面，联想的柳传志、华为的任正非、中化集团的宁高宁，都是高手中的高手。

其中的案例之一，便是著名的联想执行三原则。在联想电脑公司，做任何工作，柳传志在规则上制定了一个规范，要求大家都要遵循三个准则：第一条，“如果有规定，坚决按规定办”；第二条，“如果规定有不合理之处，先按规定办并及时提出修改意见”；第三条，“如果没有规定，在请示的同时，请按照联想文化的价值标准，制定或建议制定相应的规定”。由此，在联想电脑公司做事情，人们就有了法制的观念，不会随心所欲、自以为是。有规定无论你认为合理与否都要按规定来做，不能因为你觉得不合理就可以蔑视它或进行变通处理，对不合理的规定你可以提出修改意见，提意见是公司赋予每位员工的权利，同时也是一种责任和义务，既有利于公司，也有利于个人的发展。

一家大公司也好，一家快速发展中的小公司也好，公司的制度、流程与规范是不可能面面俱到的，是不可能方方面面都照顾到的，难免会滞后，会有灰色地带，会有不清晰的地方。因此，价值观的作用、价值观的意义，就是帮助员工和团队，更好地执行、更简单地执行和更多地执行。在没有相关规定时，一般情况下建议要请示上级，同时在主动按照联想文化的价值标准去制定或建议制定相应的规定。在紧急的情况下，在不立即办就会损害公司利益的时候，就可以按照联想文化的价值标准自行判断和执行，然后在事后及时向上级汇报。

价值观培养的是员工的文化意识和规则意识。对待规则，我们需要构建一种契约精神。当规则合理的时候，我们要执行；当规则不合理的时候，我们也要执行。这样才会有规则的约束性，规则也才会产生效率。如果我们在规则合理的时候，我们拥抱规则；而在规则不合理的时候，我们挑战规则、蔑视规则，说规则是不合理的、不公平的，规则也便失去了效用。

领导者靠什么凝聚团队的思想与行为？设想你作为 CEO，第一次给高管团队做演讲，你会讲些什么？这方面，IBM 的郭士纳是一个榜样。他在上任后，在高管团队面前的第一次正式讲话时便阐明了他的管理理念与原则，这是赢得团队信任和支持的基础，指引团队变革和创新的指南针。郭士纳一共说了八条意见，我们暂且把它叫作“郭八条”：

1. 我按照原则而不是流程程序作决策。

2. 市场决定我们的一切行为。

3. 我是一个深深地相信质量、强有力的竞争、战略与规划、团队合作、绩效工资制和商业道德责任的人。

4. 我渴求那些能够解决问题和帮助同事解决问题的人，我会开除那些政客式的人。

5. 我将致力于战略的制定，剩下的执行就是你们的事了。你们只需要以非正规的方式让我知道相关的信息即可。不要隐瞒坏消息，我痛恨意外之事；不要试图在我面前说谎；要在生产线以外解决问题，不要把问题带到生产线上。

6. 动作要快。不要怕犯错误，因为即便是犯错误，也要由于是我们动作太快而不是太慢。

7. 我很少有等级制度的观念。无论是谁，也无论其职务高低，只要有助于问题的解决，大家就要在一起商量解决。要将委员会会议和各种其他会议减少到最低限度，取消委员会决策制度，让我们更多一些坦率和直截了当的交流。

8. 我对技术并不精通，我需要学习，但是不要指望我能够成为一名技术专家。但你们作为事业部的负责人，必须能够为我解释各种商业用语。

宁高宁当年在中粮的时候，就特别注重文化与价值观的领导，地处北京西边的忠良书院，是一处宁静的可以安心学习的世外桃源，中粮的中高管团队，每年都会定期到这里培训，而且宁高宁经常亲自讲课，乐此不疲，毫无疑问是央企领导在人才培养方面的典范。在忠良书院的教室里，就挂有众多宁高宁的讲话，其中让人印象特别深刻的，我相信是下面的这段：

- 虽然我们经历过很多困难，但还是相信人是可以教育、可以提升、可以塑造的。我们相信，把人放在一个伟大高尚的组织中，他也会变得伟大高尚起来。

✧ 我们相信把人的个体和一个组织的整体目标协同起来是管理学的核心。

✧ 我们相信管理好了人几乎等于管好了一个企业的全部。

✧ 我们相信每个人的生命都应该是五彩缤纷的。我们相信任何组织的成功都依赖于它的成员的潜力得到发挥。

✧ 我们相信一个人、一个组织是要有精神的。

✧ 我们相信一个人、一个组织是要有目标的。

✧ 我们相信做一个好的人，好的经理人是有标准的。

✧ 我们相信无论组织大小，它的领导人要有领导力，这样才会有一个健康、蓬勃的组织的产生。

✧ 我们相信这个领导力的要素，是有精神的、有能力的、有态度的、有天生的、有后天的。

✧ 我们相信我们团队的成员都有强烈的愿望来完善自我，提升自身在团队中的能力。

✧ 我们相信领导力是一个标准、一个期望、一个规则、一个方向，是能够把我们每个人都变成更好、更有能力的人的一种方法。

价值观的力量就是要影响更多的人、更多的事、更多的流程和制度管不到的地方。聪明的企业中高管，永远懂得价值观的力量。追随的背后，不是权力，是价值观。华为的任正非，就非常懂得这一力量。任正非的一句名言，资源是会枯竭的，唯有文化才能生生不息，被广为传诵。如果说华为基本法是中国企业价值观领导的典范，一点儿都不过分。

早在1996年，那时华为还只有800多人，正处于高速扩张的起点，如何统一思想、统一步调、统一价值观，华为开创了中国企业的先河，制定了一个基本法。从公司的宗旨、目标、定位、价值分配、经营政策等方面，都做了阐述。华为基本法的总结，提升了公司管理，明确了公司的战略、方针和政策，构筑了公司未来发展的宏伟架构。华为基本法，实际上是把任正非的管理哲学和思想，用统一的语言集中进行的一次梳理，是中国企业第一个完整系统地对其价值观的总结，对中国的企业文化建设起到了很大的推动作用。

2.4 做好执行推动提升团队的战斗力

战略有了，文化价值观有了，所有这些，还只是一张蓝图。如何把蓝图变为现实？如何把思想理念变为人们的实际行动？如何推动战略的执行与落地？还需要配套的管理工具和方法。

如果问一个问题，什么样的组织执行力高？我们会发现，部队的执行力高，在电影里看到的黑社会组织执行力高。为什么会这样呢？执行力涉及哪些方面呢？总之，执行力绝不是像成功学一样，简单喊几句口号（“我一定要成功”“我一定要做到”）就可以的。事实上，执行力涉及一套系统。执行力与组织文化有关，与团队的职业化行为有关，与组织的流程规范性有关，与组织的利益机制有关，与团队的构成与发展阶段有关，与团队的领导有关。本质上，涉及组织的方方面面，但先找到一个有执行力的人、打造一个有执行力的人，却是团队执行力的基础。那个能把信送到加西亚的人在哪里？如何培养？从哪里找到切入口去培养？

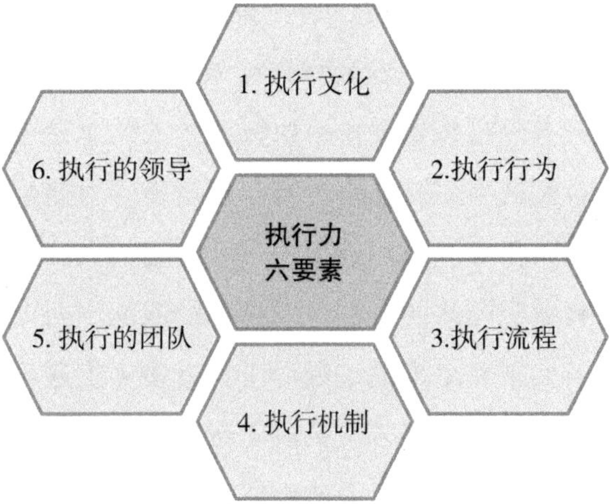

图2-3　6P 执行力系统

执行型的人才，其表现体现在三个方面：首先是思想、意识与态度好；其次是行为好；最后是结果好。

执行型人才在思想态度方面，表现出来的一个最大的特征，是态度积极主动，他们面对问题与困难时，总是勇于责任归内，从来都不把自己的问题和不幸归咎于外。我是我的船长，我对我的天气负责，是这类人挂在嘴边的口头禅。他们不相信命运的按排，他们相信自己的努力，他们相信付出终有回报，他们总是勤奋地耕耘着自己的土地。

1. 执行推动的四个行为导向

执行型人才在行为方面，具有明显的四个导向特质。一是行动导向，凡事行动第一；二是结果导向，他们懂得苦劳不等于功劳，不仅有行动，凡事还追求结果；三是客户导向，他们不以自我为中心，凡事以客户为中心，客户说好，即结果好；客户说不好，即结果不好。客户价值，成为评判结果好坏的标准；四是责任导向，凡事不管有没有领导安排，执行型的人才总是会珍惜自己的时间、珍惜自己的生命，总是会对自己负责、对他人负责、对领导负责，对团队负责。他们天生是一个靠谱的人，一个有责任感的人，一个有益于团队的人。人们在总结浙江温州人为什么能成功时，曾用了如下几个成语，说尽千言万语、走遍千山万水、想尽千方百计、吃尽千辛万苦、见过千奇百怪，最后才成就千秋大业，不能不说以李书福为代表的敢闯敢干的温州人，绝对是执行型人才。

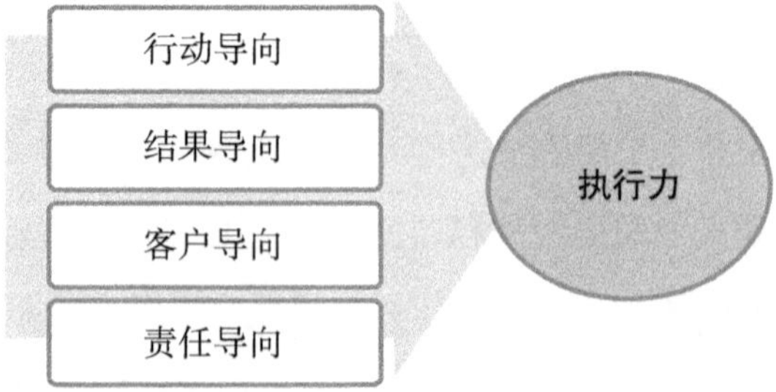

图 2-4　执行力转型：四个行为导向

2. 执行推动的三维模式图

那么，在执行推动方面，我们从哪一个点开始切入好呢？或者说从哪一个切入更容易呢？是思想？行为？还是结果？在现实中，对一些比较犟的人，北京话叫“轴”，我们在无奈之下，会给他挖一个坑，让他掉下去，或者让他经历一次，撞一次南墙。聪明的人，能从直接的经验和教训中学习，但笨的人仍然不醒悟。如果一次犯错，我们还给机会，但事不过三。如果一个人连撞三次南墙都还不改，那我们就要考虑换人了。从结果中学习，还是从直接经验中学习，这是远远不够的。聪明的人，还需要从间接经验中学习，从别人的经验中学习，从书本中学习。

如何改变一个人的思想？什么情况下人的思想会发生改变？民间有这样的智慧：读万卷书，行万里路，阅人无数，听名师开悟。这是一个人思想发生改变的四条路径。而且这里还有一条鄙视链，有人总结道，读万卷书不如行万里路；行万里路不如阅人无数；阅人无数不如听名师开悟。

行为如何培养和打造？想一想部队，想一想运动队，行为习惯的培养，其背后的真相是训练。当我们看到“训练”这个词的时候脑海里浮现的是什么？是重复，是年复一年、日复一日，是365天的坚持和练习。罗马不是一天建成的，习惯也不是一天养成的。好的团队，好的行为习惯，也一定是训练出来的。认真研究一下部队训练的背后，你会发现一个秘密。进去的是一个许三多，两年后，出来的是一个兵王。这个巨大的转变是如何发生的？即训练的成果。在部队里，我们看到的一个景象是，新兵每天早晨都要出操，都要叠被子，而且班长还要拿着尺子去量，看叠得是否方正、是否整齐、是否规范、是否成直角。我们要问，叠被子与打枪有什么关系？与打仗有什么关系？答案是，没有直接的关系，但却有间接的关系。叠被子就事情本身而言，并没有什么特别的意义，但是就人而言，却大有价值。训练叠被子的背后，目的是训练人、训练人的服从、训练人的听话、训练人的纪律性。当这些行为有了以后，士兵上战场才能一切行动听指挥，才能打胜仗。翻译一下，这就叫作“项公舞剑，意在沛公”，用一点禅意的话，也叫作“假物济人，借假修真”。

马云在阿里巴巴的培训大学，去哪儿网的培训中心，其校训用的就是“假物济人，借假修真”。如果一个人层次太低，只会就叠被子跟你讨论叠被子，那是不会有答案的。行为的训练，需要一个抓手。在组织中，早晚会的制度也好、每日结果分享也好、考勤也好，其背后的价值和意义，更多的是为了训练人，训练出一个职业化的人、一个为公司文化和价值观相一致的人。

思想和行为，到底哪一个会更容易一些呢？显然答案是都不容易，这得取决于人。有的人，改变思想容易一些；有的人改变行为容易一些。这些还跟人的出身和性格有关。

有一个毒蝎子的故事。一只蝎子想过河，但是他不能下水，此时见到了一只青蛙。

蝎子：“你可以背我过河吗？”

青蛙：“不行，如果我背你过河，你就可以在背上袭击我。”

蝎子："我一定不会那样做，如果那样做，我们两个都会死。"

青蛙："好吧，我答应你。"

于是青蛙背着蝎子过河，在中途蝎子用尾巴刺了青蛙，它们一起往水里沉……

青蛙问蝎子："为什么要这样做？这样你也要死啊！"

蝎子回答："对不起，那个是我的天性！"

所以，领导者得琢磨、研究不同的人，得因人而异。用思想改变知识分子容易，还是蓝领工人容易？什么样的人改变思想容易？什么样的人改变行为容易？是年轻的容易改变思想，还是年老的同志？这些既有规律，也会因人而异。这便是领导艺术，也是领导的魅力之所在。

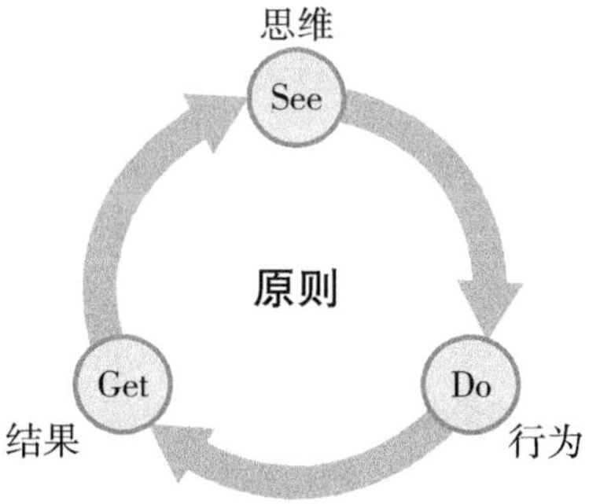

图 2-5　执行推动的三个方面：改变模式图

3. 推行推动的四个假定

好绩效是领导出来的，是监督出来的，是检查出来的。人性之使然，人们不会做你期望的，人们只会做你监督和检查的。好的领导者，在绩效管理中，要学会逆向思维，要做好四个假定，确保绩效结果的达成。你制定了战略，明晰了目标和方向，还不够。还要考虑执行能不能到位。你不能期望战略会自动实现。假如战略没有执行，怎么办？那就要加强检查，加强督促。先过程，后结果。想要好的结果，要确保过程的可控性。检查的方式可以是自己，也可以是别人；检查可以自上而下抽检、巡视，甚至可以是飞行检查，也叫秘密检查。汽车豪华品牌车的4S管理，都有这样的检查制度，并成为其体系化的管理方式之一。检查也可以是自下而上的，通过定期的报表、会议，以及IT系统。有了IT系统，通过大数据的技术，检查将会变得简单而可靠，连做假的机会都没有。

检查了有时候管用，有时候不管用。如果检查不起作用，怎么办？检查是手段，检查不是目的。如果检查不起作用，那就要加强检查的权威性，要做奖惩。奖惩可以是经济性的，也可以是精神性的。检查的排名、公布榜单、通报、限期整改等方式，都是奖惩的一部分。

奖惩的结果，有时候管用，有时候也不管用。事不过三，如果奖惩没有效果，那就要考虑换人了。在管理中，理想总是很美好，现实却很骨感。换人以后，有些时候，发现问题仍然得不到解决。那这个时候，该怎么办呢？

最后一招，如果换人也不起作用，领导者恐怕就要考虑检讨一下自己制定的战略了。要检讨战略制定得是否合理，目标是否清晰，范围是否明确，风险是否适当，阶段是否可行，组织能力是否恰当，资源是否匹配，文化是否支持，等等。如果不合适，领导者就要考虑调整战略。战略是对未来的设计，是对未来的预判，没有人能把战略永远做正确。互联网时代，人们应对快速变化的一个方法，就是迭代，翻译一下，就是小步快跑，不断勇于试错。时代变了，你的管理方式也要变。

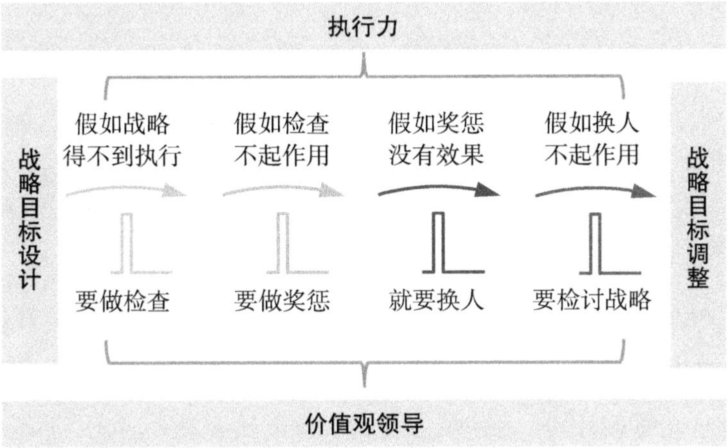

图 2-6　战略执行与战略落地的四个假定

4. 推行推动的五个凡是

执行是一个世界级的难题。执行是下对上，如何让下属自动自发，结果导向；领导是上对下，如何确保下属不犯错误，少犯错误，不仅交付结果，还要不断学习和成长。领导者如何设计一个执行的管控流程，是绩效领导力的一个重要部分。

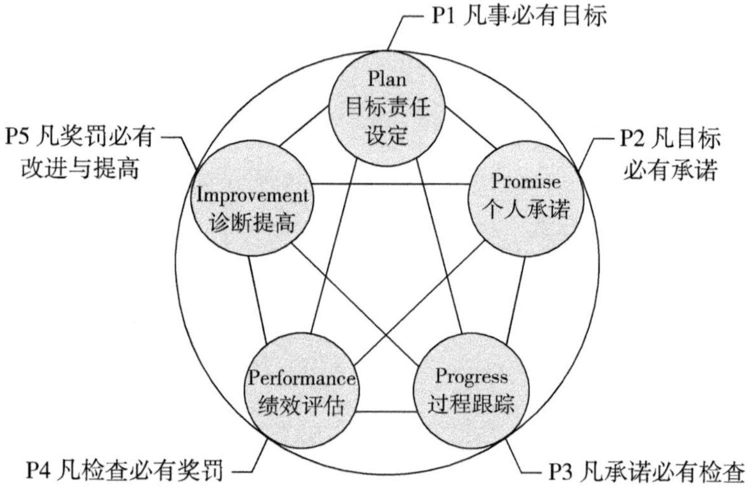

图 2-7　5P 运营管控系统——五个凡是

凡事必有计划：如何制订一个好的计划？什么是一个好的计划？如何让计划可执行、可落地、可检查？做好这“三可”却不容易。一个好的计划，至少要具备 5W2H 的核心要素，请见下图。

- Who　谁做
- What　做什么
- When　什么时间做
- Where　在哪做
- Why　为什么要做
- How　怎样做
- How much　需要什么样的支持

图 2-8　5W2H 的核心要素

一个简单的事情，简单的计划，采用 5W2H 的方式就可以了。但对于一件复杂的工作，如一个新产品研发项目，一个大型的市场活动，那就需要用项目管理的体系方法，来做好项目的计划。

会做计划是一回事，想不想做计划是另外一回事。不想做计划其中被提到的一个最重要的原因，是计划赶不上变化。于是有一些“聪明人”就说，那还不如不做计划，或晚一点再做计划。现在做的计划如果不能用，也就变得没有意义。这当然是一个错误的认知。环境变化是一个事实，环境不可能不变化。但这绝不是计划没有用的一个理由。事实上正是因为变化才特别需要计划。先回答一个哲学思辨的问题：什么叫变化？所谓变化本质上即与计划不一样的地方。因此，如果没有计划的存在，我们根本就不知道变化，也无从知道变化的大小。如果连变化都不知道，我们又如何采取应对的措施，应对变化呢？

事实上，应对变化的措施有两个方面。第一，是改变计划。一般情况，计划不应该被改变，除非是发生了重大的外部环境变化。计划应该保持一定的权威性和严肃性。当然，计划严肃性的前提，计划的制订，也应该具有一定的科学性。第二，改变执行，把执行拉回到计划的轨道上来。如何做到？加班、加点、加资源，是最常见的赶工的方法。除了这些以外，外包、外协、创新工艺与方法、改串行工作为并行、做好关键路径与关键资源的规划等一系列技术，也都是为这一目标服务的。

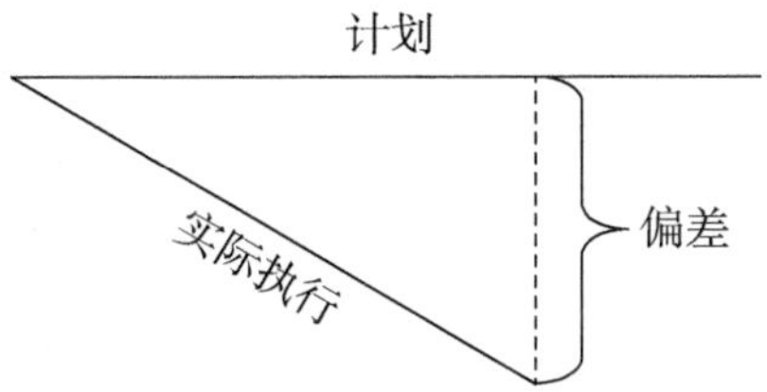

图 2-9　计划到底有没有用

凡计划必有承诺：能否赢得下属对目标与计划的认同与承诺，是执行推动的领导力表现。在事前，好的领导者在安排工作时，一定会沟通目标、沟通目的、沟通意义、沟通责任、沟通资源，倾听下属问题，帮助解决困难。在事中，沟通进展、沟通风险，做好反馈与辅导，帮助员工达成绩效。在事后，沟通结果、沟通改进计划、沟通经验教训和学习成长。很多人简单地认为，承诺就是签署法律上的绩效任务书，只要签字了，就意味着承诺了。从执行的角度看、从人性的角度看，光有法律上的承诺是远远不够的。如何赢得人们心理上的承诺、心理上的契约合同，在某种意义上讲，比法律合同来得更重要。目标+沟通，是绩效管理的本质。

凡承诺必有检查：人们不会做你期望的，人们只会做你检查的。检查不只是对结果检查，还要学会对过程、对关键的里程碑做检查。当一个个节点都按计划达成的时候，最后的结果才有保障。

凡检查必有奖惩：奖罚不是目的，奖罚是一种手段。奖罚的背后，是期望强化下属的行为和结果意识。在动物园的海洋馆里，我们常见到这样的情景，当海豚表演完一个动作以后，训海豚师都会给海豚一条小鱼吃。为什么要这样？人和海豚之间的沟通是这样的：伙计，干得不错，还想吃吗？请你下一次跳得更漂亮一点。这是现代管理学中的正激励、正强化的一个应用。巴普洛夫的条件反射和麦克里兰的成就动机理论，很好地阐述了这一方面的机理。奖励可以是物质的、外在的，也可以是精神的、内在的。奖励的另外一面，还可以是惩罚。什么时候奖励？什么时候惩罚？有专家说，当你想要一个人做什么的时候，奖励比惩罚来得更有效；当你想要一个人不要做什么的时候，惩罚比奖励来得更有效。当你想要销售人员超额完成目标任务的时候，你可以采取阶梯提成激励的方式；当你想要员工不迟到早退的时候，你可以采用交水果基金的方式。

凡奖罚必有改进提高：一件事情做完以后，结果可能好，也可能不好。但结果无论好坏，好的领导者都要帮助团队和下属做好经验和教训总结。复盘是最好的学习方式。现实中的一个痛苦是，组织总是缺乏智慧。我们发现，在企业中，张三犯的错误，李四照样犯；这个月出现的问题，下个月照样发生。团队在一个低水平的基础上不断重复。如何解决这个问题？复盘是一个良好的方式。

5. 执行推动的体系保障

构建执行推动的体系，可以首先从下面的这个金三角开始。先培养和打造组织的领导力体系，培养组织的领导梯队和人才，培养团队的领导力。领导力最大的一个误区，就是认为领导力是属于董事长的，是属于总经理，是属于有职位、有权力的人的。事实上，领导力是属于每一个人的。领导力的最高境界，是人人都是领导者。领导力是一种行为，是一种素质与能力，是对他人的影响力，更是一种追随力，而且是一种自愿的追随力。领导力提升了，团队会更和谐，凝聚力会更高，执行力会更强。

领导力是关于人的，项目管理是关于事的。项目管理作为一门学科，不是很久以前的事。项目管理解决的是做事的一套机制与流程，是企业战略执行与落地的一个抓手。企业战略分解以后，往往都是一个又一个的项目。项目管理的好坏，直接影响公司战略的执行与目标的达成。

人和事如何关联起来？这就需要绩效管理。事是要靠人去做的，人是需要组织和领导的。通过目标、通过计划、通过KPI，把人和事紧紧地关联在一起，最终让人承担起责任，让事情做起来更专业，让组织进入一个良性的循环。执行推动的金三角，是组织执行力的一个最基本的保障。

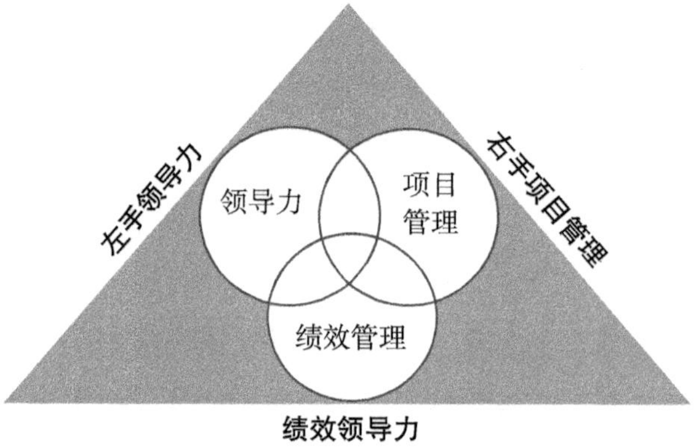

图2-10　执行推动的三大体系保障

第三章

为团队赋能
——巧妇难为无米之炊

如何通过对团队赋能激活团队，点燃团队热情？作为管理者必须深入思考。好的业绩都是领导出来的，但是领导带领的团队是否有能力，这成为绩效达成的考验点。

3.1 影响团队绩效的关键三要素

如果借用冰山模型，绩效的表现是在冰山上面的。那么影响绩效的冰山下面的因素有哪些？归纳起来，主要涉及能力、意愿与支持。意愿与能力是属于个人层面的；支持则是属于组织层面的。那么在个人与组织层面之间，哪一个影响所占的权重更大呢？有的人说是个人，有的人说是组织。站在个人的角度，组织的支持因素只能是关注，做不了什么，能够真正发挥影响力的，还是要回到个人要素。英国威斯敏斯特大教堂地下室的墓碑中的一个碑文，之所以会被广为传诵，说的就是这个道理。

“当我年轻的时候，我梦想改变这个世界；当我成熟以后，我发现我不能够改变这个世界，我将目光缩短了些，决定只改变我的国家；当我进入暮年以后，我发现我不能够改变我的国家，我的最后愿望仅仅是改变一下我的家庭，但是，这也不可能。当我现在躺在床上，行将就木时，我突然意识到：如果一开始我仅仅去改变我自己，然后，我可能改变我的家庭；在家人的帮助和鼓励下，我可能为国家做一些事情；然后，谁知道呢？我甚至可能改变这个世界。”

回到个人层面，在个人意愿和能力之间，这两个要素，哪一个对绩效的影响更大呢？是意愿还是能力？众多课堂上的现场调研表明，人们更多地认为还是意愿。在今天这个互联网时代，一切学习都不再受时空的限制，让学习变得一切皆有可能。只要有意愿，当下的工作中所需的一些技能，都是可以学会的。看来，意愿的激发，已成为绩效领导力的核心。

绩效 = 能力 × 意愿 × 支持

P=f (Skill, Will, Support)

3.2 为团队赋能从逼结果到促结果

赋能是互联网时代下的一个新词，也是一个流行词。赋能的英文词是 Enabling、Empowerment，把它翻译通俗一点，即由不可能到可能；赋予力量；赋予能量。阿里巴巴的曾鸣说，未来组织的最重要功能已经越来越清楚，那就是赋能，而不再是管理或激励。换句话说，领导者如何由简单粗暴的逼结果到教练成长的促结果，是一个重大的管理方式转型。传统型的领导者把大部分的精力都用在了组织绩效的管理或说增长之上，而现代的赋能型领导者则需要把更多的精力放在关注员工的学习和成长方面。

逼结果的背后，领导者扮演的往往是指挥官、司令官的角色，给下属设定强制性的目标与任务，然后通过强奖惩、强 PK 的方式，督促下属完成工作。对于知识产业的工作岗位，这样的管理方式已越来越不兼容。新一代的员工和团队，他们喜欢教练的方式、辅导的方式、娱乐的方式，快乐地完成工作和任务。当下属缺少态度或意愿的时候，领导者要会激发；当下属能力不够的时候，领导者要会教练和辅导。总之，团队对领导者的要求越来越高，与团队一起通过迭代的方式共创、共享、共责、共成长，成为未来领导者的一项重要素质与能力。下面我们阐述个人绩效、挑战和技能之间的关系。

如何提升下属的能力？如何树立他人的自信？如何培养他人的意志力？如何面对环境的变化与不确定性？如何面对重大的挑战？下属的行为反应，事实上与其自信心及能力是有关的。

想象一个情形，当你接受一个任务，其挑战远远大于技能时将会怎样？你的感受如何？如果你和大多数人一样，你就会感到焦虑、紧张、恐慌，感觉压力重重。

再想象一下另外一个情景，当你接受一个任务，其要求的技能水平远远高出工作所需，你的感觉又如何？如果你和大多数人一样，你就会感到无趣、无聊和冷淡，提不起精神。

当你感觉到紧张和压力时，你不会把事情做好。同样，当你感到焦虑或无趣时，你也不会把事情做好。那么，人们什么时候能把事情做好呢？克莱蒙特研究生院的心理学教授米哈依·齐根森特米哈依一生都在研究一个课题，即绩效与挑战和技能之间的关系。他发现的规律特别有意思，当你面对的挑战比你当前的技能超出一点点时，你就能够把工作做好，这时你虽然面对压力，但是不会被压力压垮；当人们感觉工作要求很高，但自己能力不够时，就会焦虑；当人们感觉有能力完成一件困难的工作时，就会感觉自己在一种最佳状态；当技能与挑战相适应的时候，人们才会感觉到有信心；当高技能对应高挑战时，人们最有成就感，就会感觉到摆脱了平庸，会让人进入一种最佳绩效状态，他把这种状态叫作“入流状态”。

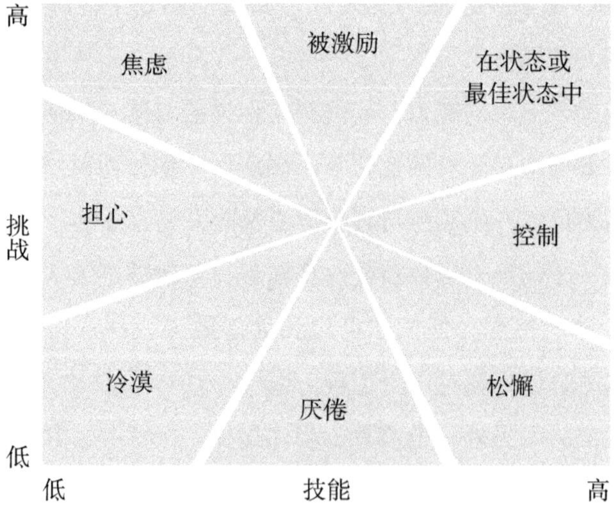

图3-1　绩效、挑战和技能的关系

（资料来源：M. Csikszentmihalyi，Finding Flow：The Psychology of Engagement with Everyday Life（New York: Basic Books，1997），31. Copyright © 1988 Mihaly Csikszentmihalyi Reprinted with permission of Basic Books，a member of the Perseus Book Group.）

尽管日常工作中，不可能每项工作都会让人进入“入流状态”，然而，卓越的领导者总是会努力创造条件，使人们进入“入流状态”。也就是说，领导者需要不断地评估下属在工作中的执行能力。一般来说，对于一个特定的工作岗位来说，其理想的工作安排，可以遵循一个 721 的法则，即 70% 的工作，应让其技能与挑战相匹配；20% 的工作让挑战大过技能，给人创造一种刺激感和新鲜感；剩下 10% 的工作，可以让挑战小于技能，给人带来一些轻松和休闲感。

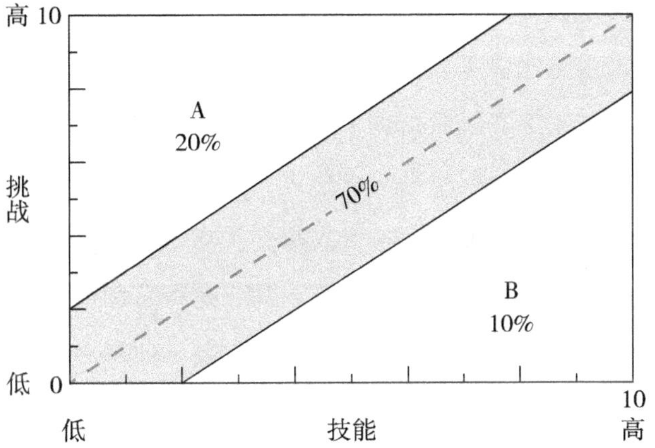

图 3-2　增强他人：提升能力

3.3　提升团队意愿——比钱更重要的激励

如今人们的生活压力越来越大，生命的尊严与生活的压力，到底哪一个更重要，每一天都在考验着人们的选择。很多受过传统教育的人仍然相信，只有物质的手段能够提高人们的积极性，如金钱、权力和地位。但研究结果却表现出相反的结论。人们并没有像一些人想象的那样被金钱或利益所影响，或说影响得那么重。

智睿咨询公司（DDI）在英国时报上发表过一个研究成果。智睿咨询公司采访了1000多名来自各行各业的人，发现很多人都感到无聊，缺乏承诺，并且想要寻找一份新的工作。事实上，收入在人们给出的离职原因中仅仅排列在第五位，更主要的原因是缺乏激励（不仅仅是钱），以及有限的晋升机会（成长）。在中国，这样的调查数据，也比比皆是。在课堂上，我经常做一个现场调查，问学员，上一次涨完工资以后高兴了几天，是不是到现在不再激动。答案显然是，不激动、不高兴了。总之，人性之使然，涨工资只能使人高兴几天。更进一步讲，一个人每一天在每一件事情、每一个项目中的工作，是否有激情、是否有干劲、是否有创造性，与涨工资并无多大关系。我并没有说，涨工资不重要。如果一家公司、一个老板不给人涨工资，工资低于行业平均水平，人是活的，他或她是会离职的。

除了调查证据之外，一些理论也印证了这样的结论。人们被很多因素所激励，而不仅仅是金钱或升职。其中最著名的一个研究，来自弗雷德里克·赫茨伯格。赫茨伯格是一名临床心理治疗师，也是第一个证明工作时的满意或不满意是由两个不同的因素引起的：保健因素和真正的激励因素。他认为，保健因素解释了为什么我们对一些事情不积极或不满意，而真正的激励因素解释了为什么我们对于某些事情感到积极和满意。

根据赫茨伯格的理论，保健因素指的是，如果没有被满足就会引起不满意，保健因素通常与工作的背景有关，如工资、工作安全、工作条件、地位以及与上级和同事的关系等。另外，真正的激励因素往往与工作的内容相关，如职业发展、责任、创造力、成就、晋升、认可以及工作本身有关。激励因素与意义有关，代表着人的需求的更深层面。赫茨伯格的研究，证明了人们并不是真正地被保健因素所激励，而是被真正的激励因素所激励。我们为保健因素而奋斗，只是因为我们缺少了它会不快乐，可一旦我们得到它们，它的影响就渐渐消退了。很多人都认为金钱是最重要的激励因素，事实上，金钱并不能让我们变得更积极，只是如果金钱低于一定的标准，它会让我们变得不积极，或说消极。它们之间有很大的区别。尽管金钱很重要，但我们需要比金钱更重要的激励，才能得到工作上的真正满足。

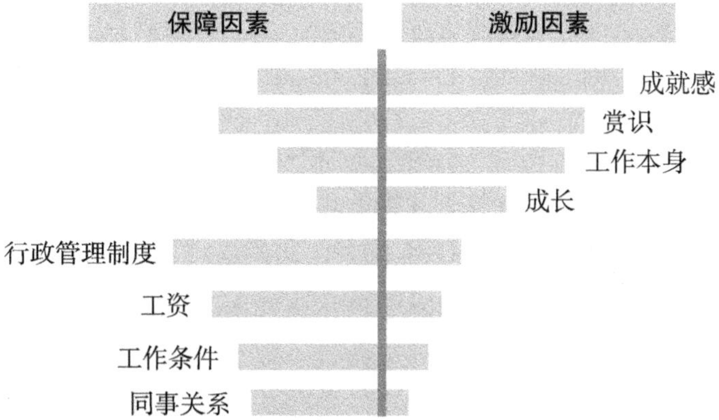

图 3-3　赫茨伯格的双因子理论：钱不是唯一的激励因素

心理学家爱德华·迪西和理查德·莱恩提出的自我决定理论进

一步支持了这个观点。自我决定理论把焦点放在人们内心的动力源泉上，如一种获得知识和独立的需要、一种内在的自生动力。根据自我决定理论，当人们被内在动力驱动时，他们会产生更高的能量，能够更好地与人打交道，更自主地行使决策权。能力反映的是要掌控任务和学习技能的需要；与人打交道或构建良好的和谐关系是归属感的需要；自主权则是我们对自己的行为和目标有一种掌控制感的需要。当这些需要没有达成时，最终，人们的良好表现和幸福感都会受到损害。

根据自我决定论，给予人们外在的奖励，如金钱、奖品和称赞，对于那些已经拥有内在动力的人不但不会起到激励作用，反而还会起到破坏作用，原因是人们的行为会被一种外在的奖励所控制，这意味着人们对他们的行为会失去控制力。

如何做好比钱更重要的激励？如何更好地满足每一位团队成员的个人需求？这并不意味着你要拼命让步，试图满足人们的所有愿望，但你需要做的是，更好、更多地理解人们的深层次的情感需要，它们确实是比钱更重要的激励。下面这些问题，值得我们深思：

1. 你如何让人们感到有安全感，减少他们的担忧，减少不确定性？在这方面你做得如何？

2. 你以什么样的方式确保人们的工作拥有足够的多样性，富有挑战性，以及新鲜感？

3. 你如何让人感到自己很重要，并不断地表扬和肯定他们？

4. 你与人们经常进行一对一的对话吗，你是否会询问他们在工作中最喜欢什么和最不喜欢什么？

5. 你用什么样的方法创建伟大的团队精神，让每个人都感觉到自己是团队的一分子，让其有归属感？

6. 你如何帮助人们成长，让他们获得新技能，并发挥他们的天赋和特长？

7. 你是如何支持人们的自主工作的？

8. 你是如何让人们感知到，他们正在从事一个有意义的项目和有意义的工作的？

要想更好地激励，我们就需要挖掘人的内在动机，搞清楚人的真实需求，搞清楚是什么在驱动着一个人前进，一件事情非做不可的原因到底是什么？

很多人做事从来不考虑原因，也不问为什么。他们沿着一条道路前进，但从不问自己道路的尽头会是什么。人是一个动物，而且是一个社会动物。人这个社会动物的需求是复杂的、多元的，而且每一个人都是不一样的。人的需求的多样性，表现在哪里？基于马斯洛的五层需求学说，激励大师安东尼·罗宾和克洛伊·曼德尼斯关于人类的六大需求，可以帮助我们更好地理解人的深层动机。这六大需求不仅会帮助我们更好地了解自己，也会帮助我们更好地了解我们的下属。人类的六大需求具体如下。

确定性——人们需要安全感、稳定性，需要事情可控、可预测。人们需要了解他们的角色是什么，工作将达成的目标是什么，以及他们如何为团队做出最佳的贡献。

多样性——人们需要变化，需要新鲜的刺激和激动的感觉。人们喜欢感到有活力，期望投入新鲜和令人兴奋的事情中，而不会喜欢常年千篇一律的工作。

重要性——人们需要感到自己很重要、很独特，是唯一的。人们希望他们的工作和生活有意义、有价值，他们想知道他们的参入是有独特的价值的，并且希望得到认可和肯定。

人际关系——人们需要归属感，感到自己隶属于某个群体，是一个大家庭中的一分子。人们有一种强烈的意愿，期望被团队接受和认同，并得到团队的尊重。

成长——人们期望学习和成长，期望不断提升和发展个人的职业生涯。人们想要获得学习的机会，期望了解各种信息和情况，学习和掌握各种工具与技巧，从而让自己感到学习和进步。

奉献——人们有一种愿望想要与众不同，期望服务和支持某种超越自我的有意义的事情。人们希望自己的工作，除了为自己谋生以外，还能感觉到是在为一项有意义的事业做出贡献。

对人类的六大需求，不同的人对其认知可能会不同，对其重要性的排序也将会因人而异。有一些人会认为多样性比确定性更重要；也有一些人会格外强调人际关系和归属感。反之亦然。问题在于，一个好的领导者、一个善于赋能的领导者，必须充分了解每一个人的需求，以及如何采取行动去满足他们。

值得注意的是，重要性是引起团队冲突的最大原因之一。如果人们感觉到他们没有被聆听，或者是不被认可，他们很可能会制造出一些事端，哪怕是一些噪声，目的是获得人们的注意。成年人与小孩在这个方面，并没有什么本质上的不同。他们甚至还会以一种破坏性的方式引起人们的注意，有时能达到目的，有时并不一定能达到目的。为了避免这种情况的发生，一名高绩效的领导者，要学会倾听他人，认可他人的贡献，以及在公开场合公开地表扬他们。但你的赞扬必须要真实和真诚，这样才有意义。破坏性的行为也会发生在当人们感觉工作很无聊，以及感觉他们的工作缺乏变化的时候，人们会制造出一些小片段来寻求一点刺激。这是人性的一部分。

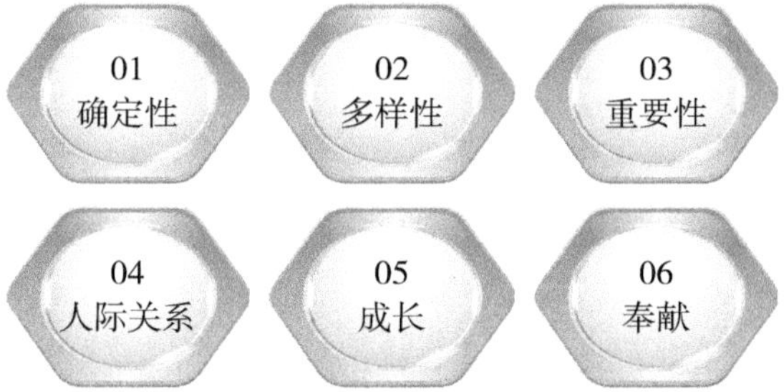

图 3-4　人类的六大需求

问一问自己，作为一名高绩效的领导者，你是如何满足人类的六大需求的？

审视一下人类的六大需求，确定哪些是你最看重的，你怎样去满足这些需求。你越了解自己受到哪些需求的驱使，就越容易改变自己，让你受益，帮助你实现自我。

1. 你在六大需求中最看重哪几个？

2. 你通过哪些方式（好的和不好的）满足和平衡这些相互冲突的需求？

3. 在何种程度上，由于对确定性的需求，你去控制团队中的人员、信息和决策？在何种程度上，由于你不喜欢不确定性，阻止你去尝试新的事物？

4. 你每天对不确定性的需求是怎样得到满足的？你有没有可能会被吸引到“救火”和冲突之中，因为这会让你感觉到兴奋？

5. 你在重要性的需求方面，他们怎样影响你的工作？你是否会视其为赢得认可和尊重的方式？你是否有时在同他人的对话中高高在上或轻视他人？

6. 你在何种程度上寻求通过工作来满足你对于人际关系的需要？对你来说被看作团队领导和被团队接受是否重要？

7. 你是如何利用你的职业来满足你个人的成长需要的？你是否看重为社会、为大众做出贡献？

8. 你为什么要成为一名领导者，他们如何更好地满足你的需要？

当我把人类的六大需求应用于我自己时，我开始明白它们是如何激发我的激情的。为什么我喜欢做培训、做咨询、做教练、做演讲和写书，是因为这些事情完美地满足了我对确定性、多样性、重要性、人际关系、个人成长以及贡献的需要。但是事情并非向来如此。有一段时间我感觉自己的工作非常辛苦，既要讲课，还要写稿和管理公司，虽然客户、读者反映良好，但我自己却感觉不到满足。那时我开始研究和学习教练方法，突然间我找到了一种方式，让自己跟自己进行更深层次的沟通，挖掘工作意义的背后，搞清楚我到底想要什么，最后发现我所做的一切是一项极有价值的事业，不仅成就自己，还能成就他人、成就企业，为企业培养受人尊敬的领导者、被人信任的领导者，这是一个多么充满魅力的事业呀。此外，我的培训、演讲、写书，开始进入一个良性的循环，不仅自己受益、客户受益，更多的是，我感受到更多的镁光灯和来自客户与同行的尊重，这些对我而言，确实是比钱更重要的激励。

3.4 实施因人而异情景领导

1. 领导力的“阴”与“阳”

许多管理者在领导团队方面并不胜任。他们大多是从一线业务或技术提拔上去的。他们是业务专家、技术专家，但他们并不太懂团队管理。他们常常喜欢凡事亲力亲为，成就感也都建立在做事的层面，而不是培养和打造团队。他们不知道，也不理解，自从他们被提拔到领导岗位上以后，他们的工作重心发生了变化。他们的绩效，并不以他们个人的成就多少为评价标准，而更多的是团队的绩效。杰克·韦尔奇曾说，一个人在成为管理者之前，绩效只与其个人有关；一个人一旦成为一名管理者，他的绩效便只与团队有关。

搞技术出身的人，他们有一个特点。他们一心关注如何把工作完成，而且往往会告诉人们如何具体地用他们自己擅长的方式去做。他们可能很强势，期待工作能够按计划完成，但他们并没有很好地理解自己的角色，除了命令以外，还要帮助团队成员完成他们的任务。他们不明白人的复杂性，认为只要目标清晰、计划明确，人们就应该把工作做好。但人是复杂的，带领一个团队，从来都不会那么简单。

领导者的领导方式，对团队的绩效会产生直接的、重大的影响。领导力并非只是用人所长、倾听他人和激励他人。领导力的最终评价，还是要拿结果说话的。领导力关乎如何让下属和团队在工作中做出最佳的绩效表现。一名高绩效的领导者需要明白，他们需要服务他人，进行充分的“授权”，运用授权的领导方式，同时，他们也必须使用“命令”的方式，敢于指挥和命令他人。作为高绩效的领导者，他们既需要学习和运用授权方法，同时也需要学习和运用命令的方式。一种是放手型的，另一种是管控型的。这两种领导力风格，事实上都需要，也都各有利弊。

如果我们借用中国传统文化的阴阳学说，可以把领导力分为阴和阳两个方面。“阴”象征着女性的要素，如倾听、支持、教练与保持稳定。这是在建立高绩效团队时至关重要的特征，特别是当人们在团队内，还不那么自信、不那么相信自身能力的时候。高绩效的领导者非常懂得利用这一支持性的“阴”的元素来构建团队的信心，发展缺失的技能。他们鼓励合作，并为团队成员提供一个安全的共事环境，然后让他们自己找到问题的解决方案。支持型的“阴性”领导者对人有一种很深的了解，而且对人有一种深深的敬意，总想搞清楚是什么驱动和激发了每一个人。他们经常花时间与人做面对面的沟通，支持他们的成长和发展。他们擅长在团队成员工作任务完成时给予表扬，并且经常询问人们需要什么样的帮助。阴性领导者在乎和关注的是如何帮助他人达成目标与绩效，让其充分发挥作用，为团队做出最大的贡献。

阴性领导者的特征

- 倾听，支持，教练
- 提供安全感与稳定性
- 促进自信心
- 具有同理心

阳性领导者的特征

- 具有挑战性
- 强调的是目标与责任
- 追求结果
- 具有攻击性

如果领导者只使用“阴”，如果他们不具备强势的“阳”，那么他们就会面临一种风险，即太过于软弱，虽然很友善，很支持人，但是却得不到应有的结果。领导者的使命不是要做一个好人。他们的使命是服务于客户，并为团队培养人才。但是，培养人才不能以牺牲客户的利益为代价。为客户创造价值是第一位的，培养人才是第二位的。

“阳”象征着男性的特征，具有挑战性、高要求和讲究事实和数据的特性。领导力的“阳”性一面，表现出的特点是高绩效的目标与要求。阳性领导者有很强的方向感。他们是行动导向的，是关注结果的。他们会提出挑战性的问题，让人们承担责任，并有可能让人感觉很强势，有一种压迫感。他们坚定而自信，总是推动团队尽一切努力要把事情做到最好，凡事都要卓越。也正是“阳”这一要素，推动着团队不断改进和创新。

如果一个管理者有大量的“阳”却只有少量的“阴”，会在周围创建出一种紧张感和压力感。他们要求很多，却不给团队安全、自信和需要做事的空间。他们脾气急躁，如果对结果不满就会指责和批评。如果他们偶遇绩效糟糕者，往往会把对方赶走，而不是花时间去帮助其建立技能和提高信心。

高绩效的领导者往往融二者为一身，自身拥有高度的“阴”与高度的“阳”。为了维持当下的绩效和未来的发展，我们既表现出“阴”的一面，也会有“阳”的一面。高绩效的领导者一方面为团队提供各方面的支持，让他人实施领导；另一方面他们还会不断地提出要求，驱动结果的达成。“阴”“阳”如何结合，结合到什么程度，确实是一门艺术，一门平衡的艺术。当这两种要素融合在一起，我们发现强硬的领导者也会关心人、关心客户、关心团队。他们在做决定时，会邀请可能受到影响的人参与，让他们提出问题，鼓励和激发大家的创造性。他们知道，只有同时百分百地关注团队的绩效和人的情感，才会取得最终的成功。

低绩效的领导者正好相反，他们既不懂得支持，也不懂得挑战。他们犹豫并害怕表明自己的立场。他们害怕自己过于强硬，也害怕自己过于软弱，结果成了四不像。他们决策不果断、不连续，并且缺乏清晰的方向。团队变得动荡，不能全力以赴，不能发挥效用。

领导者对于“阴”和“阳”往往有自己的偏好，他们可能会发展不均衡，甚至有一些问题。“阴”或“阳”元素中的一个发展起来了，但另一个却发育不良。结果是，团队成员要么感觉压力过大，要么感觉太过宽松。团队需要两方面的动态拉伸，同时领导者需要调节好它们之间的平衡。领导力不是关于“要么这样，要么那样”，而是关于“既要这样，也要那样”。我们必须能够同时具备这样的能力，授权与命令、宽松与严格、灵活与死板、支持与挑战，把两个相互对立的矛盾有机地统一起来。这是领导力的最高境界。

根据概念之学说，阴阳二极之间既相互对立又和谐统一，是事物存在的本质。领导力的多样性就在于寻求对立中的统一：既要强迫，又要给予激励；既要有伟大的愿景，又要执行有力。一名高绩效的领导者，不仅要拥有各种各样的技能，而且要拥有一系列互补的技能，形成各种各样的组合，以满足当下各种特定任务的需要。这里的关键是要情景化，因人而异、因时而异、因事而异。只要情景需要，我们就要采取相应的方式，而不是教条地应用某种你喜欢的方式去面对每一个挑战。领导者的领导方式越是多样化，就越能取得成功。

如何正确地使用“阴”和“阳”的领导力？下面的这些问题，可以用于自检：

- 你对团队中的每一个人的关注如何，是否理解他们每一个人的需要？
- 你在“阴”与“阳”的平衡上做得如何？你更倾向于命令还是支持？
- 你在向人提出疑难问题时，在让人交出最佳绩效时，内心的舒适程度如何？
- 你如何把“阴”与“阳”应用到工作中，让团队保持高效的沟通和更高的投入度？

2. 既不要领导不足，也不要领导过度

领导力的研究对象，事实上，涉及三个方面，即领导者、被领导者和领导的环境。所谓领导力，站在领导者的角度看，就是领导者对被领导者的影响力。你的影响力越大，你的领导力就越高；站在被领导者的角度看，所谓领导力，就是被领导者对领导者的追随力，而且是自愿的追随力。追随的人越多，领导力就越大。领导者与被领导者之间，其领导力的大小是一个互动的过程，会受环境的影响。有两个极端的情形：一个是领导过度；另一个是领导不足。

如何避免这样的问题呢？美国的密西根大学领导力研究中心，在 20 世纪曾做了一个著名的研究，将领导力行为分类为员工导向和任务导向。员工或关系导向的领导会关注人，对下属行为友善，能够体贴员工，并且帮助下属发展。而任务型的领导，则强调业绩的达成及工作的完成，更多关注的是事的层面，而对人的关注不够。由此，形成一个四方格的管理分类，请见下图。

第一种类型的领导，叫作 S1 型，即指令型领导。他们的特征是只关注事和任务的完成，不关注人的行为、情绪与感受。

第二种类型的领导，叫作 S2 型，即教练型领导。他们的特征是不仅关注事，同时也关注人。他们是一种操心的人，管人和管事都比较多。

第三种类型的领导，叫作 S3 型，即支持型领导。他们的特征是只关注人，不关注事。他们像部队里的教导员，像企业里的党委书记。

第四种类型的领导，叫作 S4 型，即授权型领导，也叫甩手掌柜型。他们的特征是既不关注事，也不关注人。他们倾向于下放权力，也下放责任。

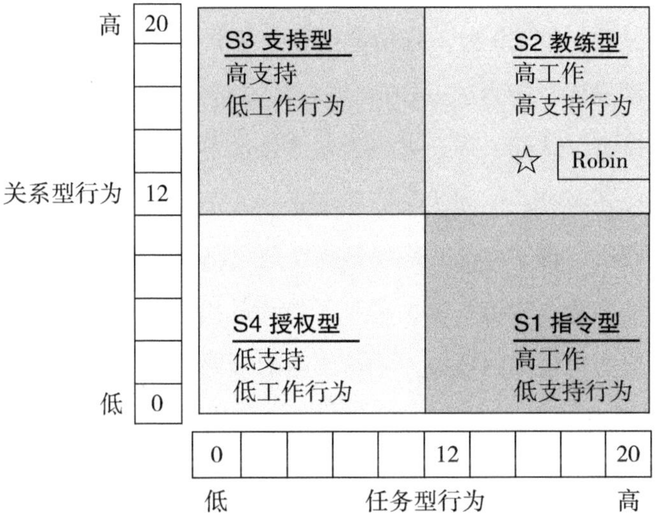

图 3-5 T-P 管理者风格测试及应用

这四种不同类型的领导，哪一种更好呢？单就领导风格而言，无所谓好与不好。他们各有优点，也各有缺点。当谈到更好的领导风格的时候，我们还得考虑下属的情景，或说下属的发展阶段。就下属而言，我们通过横坐标是能力，纵坐标是意愿，也可以把下属分为四类。

第一类，即 D1 类，是指那些高意愿、低能力的人，如新毕业的大学生与新员工，都可以归为这一类；

第二类，即 D2 类，是指那些经过一段时间后，能力有所提升，但意愿却下降了的人。通常人们加入一个团队或组织，都会经历这样的心路历程。刚开始进入一家新公司时，是满怀理想与梦想的。但进入后，发现公司并不如当初期望的那么好、那么规范、那么完美。一些人选择了离开，另一些人选择了留下来。

第三类，即D3类，是指那些留下来的人，在公司经过三五年的锻炼和发展，能力进一步得到提升，对公司的文化以及机制与流程等，也有了认同，但还并没有成为团队的核心骨干或领导者，有时候心态还会有一些起伏和不稳定。

第四类，即D4类，是指那些在公司已经工作了五年以上，经过长期的磨合和锻炼，能力得到了极大的提升，对公司的认同度也很高，成为岗位上的核心人才与团队的领导者。

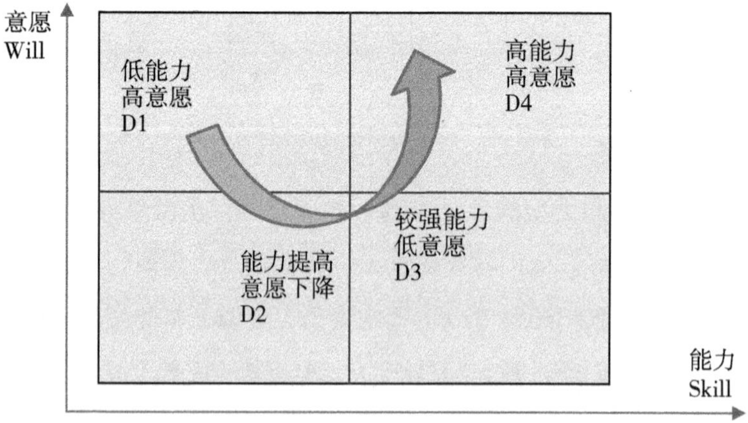

图3-6　员工的四个发展阶段

针对上述不同发展阶段的四类人才，如何实施因人而异的情景领导呢？

显然，对于 D1 阶段的员工，其最好的领导方式，当然是目标明确，指示明确，因此，采用 S1 指令型的领导方式最好，最能让他们感觉到安全感与确定性。

对于 D2 阶段的员工，其最好的领导方式，当然是要多关心一些，既要关心其事，也要关心其人。此时，教练式的领导方式最好，最能让他们感觉到有能力和有信心。

对于 D3 阶段的员工，其最好的领导方式，因为其能力基本能应付当下的岗位工作，因此，当他们面临困难的时候，当他们需要帮助的时候，领导者提供其所需的帮助即可，此时，指导式的领导方式最好，最能让他们感觉到被关怀和被支持。

对于 D4 阶段的员工，其最好的领导方式，因为他们在能力和态度方面都已不存在问题，因此，对待这些人，授权式的领导方式最好，最能让他们感觉到成就感。

但是，反过来，设想一下这种情景，如果用 S1 指令的领导方式，去领导一个 D4 阶段的员工，会发生什么？ S1 指令型的领导的口头禅是“请你跟我这样做”，对于一个 D4 阶段的期待授权的老员工来说，那一定是领导过度，产生的作用，毫无疑问，将会是负激励。

再设想另外一个情景，如果用 S4 授权型的领导方式，去领导一个 D1 阶段的新毕业的大学生，又会发生什么？ S4 授权型的领导的口头禅是“我相信你能把工作做好“，对于一个 D1 阶段的新毕业的大学生，他只能是一脸茫然。这是典型的领导不足，产生的作用，毫无疑问，也将会是负激励。

因此，如何实施因人而异的高效情景领导，需要避免两个极端，既不要领导过度，也不要领导不足。只有基于人，基于人的不同发展阶段，实施高效的情景领导，才能产生高绩效。高绩效是领导出来的，这句话一点也不过分。

3.5 从管控到服务做好仆人式领导

中国社会自古以来，就是一个典型的“官为本”的权力型社会，从开会、吃饭、照相的每一个活动中，都能看出权力浸透的现象。尽管口头上说着“做人民的公仆”，但行动上却是高高在上的。权力型领导和仆人式领导，是领导力的两个极端，如何在中国的社会和中国的企业中，强调一下仆人式的领导，哪怕是思想上的，也具有极大的引领价值。

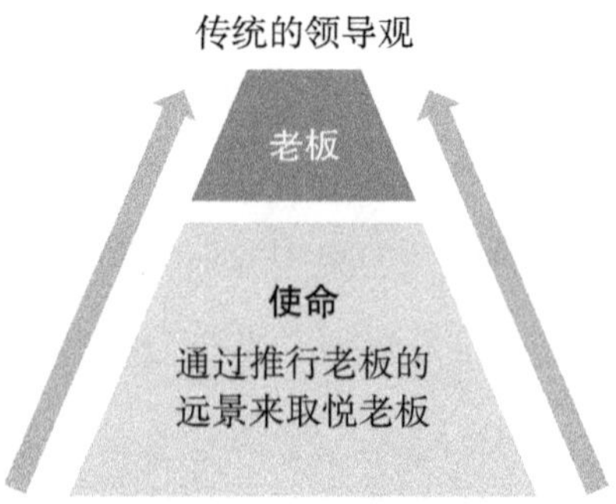

图 3-7　传统的领导观

在传统组织中，我们如今越来越面临着一个巨大的挑战，下属与上级对抗，打工者与老板较劲儿。团队与组织越来越缺乏活性，对变革也越来越反应迟缓，几乎毫无创造性。在国企中，人民当家做主和凡事领导至上，两个极端同时并存、互相掣肘的现象，愈演愈烈。如何面对这样的挑战，如何解决这样的冲突，仆人式领导的思想与理念，当是其中的一剂良药。

仆人式领导的本质，是先成为他人的仆人，再成为他人的领导。仆人式领导置服务于自我之上，支持和帮助人们完成他们的工作。领导者的主要职责是满足和服务团队的需要，包括倾听他人、鼓励他人、支持他人、激励他人、教练他人，甚至做啦啦队长。仆人式领导者是鼓励者、沟通者、教练者和激励者。

在传统组织里，领导者习惯于发号施令，在仆人式领导的组织里，团队则是举手表决。在传统组织里，人们往往推脱责任，说："这不是我的责任。"而在仆人式领导的组织里，人们讲的是："我在这里，我可以帮你做一些什么。"

领导者如何践行仆人式领导呢？

从领导角色方面，仆人式领导要扮演三种仆人角色：第一，领导者是被领导者的仆人；第二，领导者是组织的仆人；第三，领导者是社会的仆人。

从素质与能力的角度，仆人式领导，应具备三个方面的要素，即仆人领导力＝仆人心态＋仆人式领导技能＋服务他人。打一个比喻，一个仆人式领导，就像是一个放牧人，尽管照顾羊群不是一件容易的事，还常常需要在恶劣的天气和恶劣的环境下牧羊，有时羊群还不知感恩，常常离群走失，但牧羊人却照样要牧羊，要照顾好羊群。牧人与羊群的关系，就有点儿像仆人式领导和下属之间的关系。

仆人式领导力的思想最初来源于西方，有很深的宗教背景。在马太福音中，耶稣对门徒说："你们知道，外邦人有君王为主治理他们，有大臣操权管束他们。只是在你们中间不可这样。你们中间，谁愿为大，就必作你们的佣人；谁愿为首，就必作众人的仆人。正如人子来，不是要受人的服侍，乃是要服侍人，并且要舍命，作多人的赎价。"在福音书中记载，耶稣曾经主动为门徒洗脚，洗完后他还对门徒说："你们明白你们所能做的吗？你们称我'师傅''主'，说得正好，我原来就是。为主、为师傅的，给你们洗脚，你们也该为彼此洗脚：我给你们立了榜样，你们也照我给你们所做的去做，你们如果这样做，才是有福的！"可见，作为仆人式领导，耶稣服侍他人不仅源于其服务之心和谦恭之心，同时还因为他想让他的信徒同样具有"仆人式领导"之心的目的。另外，还有一段这样的故事：当耶稣来到西门彼得前，准备给他洗脚时，西门觉得很不好意思，"主！你给我洗脚吗？"耶稣却对他说："我所做的你现在还不明白，但以后你会明白。"但彼得还是觉得愧不堪当，"不！你永远不可给我洗脚！"耶稣回答说："我若不洗你的脚，你就与我无关了！"彼得于是说："若是这样，主呀！请你不但要洗我的脚，头和手也一起洗吧！"耶稣则说："凡洗过澡的人，只要把脚一洗，全身就干净了！"耶稣的言行举止，耶稣的仆人式领导，影响深远。

在企业中，践行仆人式的领导，也有助于提倡真正以客户为中心的思想。在星巴克内部流传着这样一条商业信条："星巴克不是卖咖啡，而是服务他人，兼卖各种咖啡。"正是这样的信条，让星巴克的商业理念更加以客户和服务为导向。在华为，任正非倡导的一个理念，是脸要对着客户，屁股对着老板，也是仆人式领导的一种应用。

下面这个真实的案例，也说明了如何践行仆人式的领导的重要性。

在一家著名的工程公司，为了解决跨部门项目之间的沟通与协同，决定成立一个项目管理办公室，即PMO办公室，希望把公司的所有项目都管理起来。公司原来的组织结构是典型的职能式组织，权力集中在各院、所和专业部门。当集团公司试图成立这样一个新的部门，要进行端到端的全方位管控，就需要下面各院所报送各种各样的项目信息，并进行各种各样的项目审核与审批，以及各种考核。PMO拥有了各种权力，但管理的效果却不如人意。俗话说，哪里有压迫，哪里就有反抗。当PMO用权力强制要求下属部门的时候，人们总是找出各种原因、各种理由、各种借口，要么阳奉阴违，要么应付了事。PMO的运行，一直处于一种冲突和无价值的状态。PMO不仅不能为组织提供足够有价值的内容与信息，反倒增加了不少的工作量。

最后PMO被迫改变策略，不得不改变PMO的定位，由权力中心转变为服务支持中心，为各成员单位提供项目管理专业支持，如项目经理培养、项目经理晋升通道设计和项目的绩效评价，以及IT信息服务。没想到的是，当管控让位于服务，原来不配合、不支持的成员单位，却主动请求PMO的帮助，因为PMO提供的培训也好，晋升也好，背后是利益，是他们所需要的。当成员单位得到了好处，PMO的地位自然得以巩固，人们对PMO的认识也自然得到提升。先服务，后领导，仆人式的领导方式，成为影响他人和打造高绩效团队的一种有效方式，特别是在转型变革的艰难时候。

第四章

构建优秀的绩效文化
——唯有文化生生不息

他们经常困惑一个事情："为什么前期工作那么充分，花了那么多的时间探讨战略目标、探讨目标分解、探讨行动计划，每个人的考核指标都定得很清晰了，也都讨论了很多轮，最终考核结果仍然不能如实反映在企业的经营结果上？为什么绩效管理实施了那么久，经理的行为还是我行我素，员工还是不能自动自发，绩效考核结果还是迟迟出不来？

4.1 构建大绩效的理念

何为“大绩效”？在回答这个问题之前，我们先来剖析一下绩效管理的现状：在绩效管理的实施上，非常多的企业还存在很多问题，高质量的绩效管理方案运行之后却无法得到高价值回报的“无力感”时常困扰着企业老板和人力资源部。

实际上，绩效管理没有有效落地的根本原因还是在于“人”。“大绩效”，概念性地可以理解为，在企业经营战略和经营目标的前提下，结合企业文化和价值观，在企业管理者的带领下，实现企业与员工在战略、业绩、思想上的“双赢”。

因此，我们需要把对绩效管理的关注点转移到软性的东西上，关注“绩效导向的企业文化塑造”和“管理者领导力的提升”。

管理体系改变了，但是执行管理体系的人没有转变，管理者的思想没有转变；绩效管理的流程更新了，执行绩效管理机制的人的头脑没有更新。当管理者的思想观念没有转变的时候，绩效管理就只是老板或者是人力资源部的一厢情愿，而不是每个管理者和员工的共同的事情。可想而知，这种状态下，谈何落地，谈何有效？

4.2 打造双赢的文化

企业要建立一套有效的绩效管理体系需要企业管理层和全体员工的重视，它是一个系统工程，绝不是靠某一个部门就能完成的，更不是简单地移植一个“工具”，如果没有很好地研究绩效管理体系，只是将它当作一种评估方法，省略许多其他辅助环节，如配套的工作分析、全面质量管理、职业生涯管理、岗位动态管理、激励机制的建立等，就很难达到提高绩效管理水平的目的。

绩效管理不仅仅是一个企业的人力资源管理的任务，它在管理流程里，牵一发而动全身，涉及企业管理的各个环节，任何一个环节的缺失或阻碍都有可能导致整个企业目标计划的失败。绩效管理是一种结果导向的管理活动，其最终目标是建立高绩效的企业文化，营造具有激励作用的工作氛围。企业的成功，在于扎扎实实把简单的事情尽可能地做好，绩效管理也是如此。绩效管理不仅关注结果也关注达成结果的过程，所以对绩效的管理应该理解为对达成目标的过程进行管理。

实施绩效管理，本质上是要将企业价值观和经营理念以更具体、更直观、更容易为本企业的员工所理解和接纳的形式在企业运作中体现出来，并通过绩效计划、绩效实施与管理、绩效评估、绩效反馈等诸多环节予以强化。企业文化核心部分的价值观会对包括绩效管理在内的全部管理体系的实施、运行起一种无形的指导、影响作用。

反过来，企业文化必然要通过企业的种种管理措施，包括绩效管理体系、分配体系等来发挥功能；通过绩效管理有助于实现企业价值观在全体员工中形成相对统一的基本观念的转变。总之，企业文化塑造与绩效管理之间是一种相辅相成、相互促进的关系。一方面在良好的企业文化氛围中顺利地实施绩效管理，另一方面企业绩效管理体系的建立需要企业文化这一“软环境”的支持，通过绩效管理的实施塑造言行一致的企业文化。企业要想实现企业和员工双赢，企业文化和绩效管理缺一不可。

4.3　我们崇尚什么？

对于管理控制，德鲁克说有两个意义：第一个意义是自我管理控制；第二个意义是对他人的控制，多数人会理解成第二个意义，所以，德鲁克说他很少用这个概念，怕引起大家歧义。最明显的例子就是，大家把绩效管理理解成绩效考核，就是给员工定量化指标进行考核，这个现象非常普遍。

一个企业的管理控制水平越高，管理越规范，但往往越容易造成组织僵化、个体缺乏活力。反之，若想激发员工活力，就需要适当地放松管制，充分地给组织赋能、激发个体。平衡好“管理控制”与“个体活力”之间的度，是一个企业管理水平高低的重要表现，用任正非的话来讲，就是“灰度管理”。

华为的管控是通过系统架构和IT流程实现的，如IPD研发流程管理体系，实现客户导向、端到端的打通。做个性化定制的红领，也从业务流程的层面打通了客户与生产者端到端的连接，实现客户量体数据直接到终端工作平台，实际上，对主业务流程管控到位了，客户需求才能得到控制，客户满意度才能保证，这不像其他传统的企业一样通过职能来管控。

华为从一开始就对人力资源有清晰的定位，即价值创造、价值评估和价值分配这条主线。对于绩效管理，任总提出了“绝对考核”的概念，即在进行员工考核时，采用的是第三方能独立验证的客观指标，而不用任何主观指标。

任正非认为：绝对考核要以“团结多数人”为目的，考核中要扩大员工得A的比例。其逻辑就是“如果优秀员工占少数，优秀员工就可能会成为讥讽的对象，他们很孤立，不敢大胆地伸张正义”。

他还认为，绩效考核要以“是否为企业增加价值创造”为依据，以创造价值为管理目标，华为就是要通过经济利益以及其他激励，鼓励你好好干，要敢于放开，不能老说考核增加了什么成本，为什么不说考核增加了什么收益。我们强调分享收益、分担风险，保持一个自由弹性的机制。

从以上任正非对绩效考核的理解来看，华为的绩效管理就是一个管理价值增量的部门，而不是管理价值存量的部门，是一个把绩效考核作为增加收益的部门，而不是把绩效考核作为一个降低成本的部门。

从人的心理角度来看，没有一个员工希望在心理预期的基础上减薪，他们更愿意在心理预期的基础上加薪。从人的需求角度，大多数人都希望自己的工作得到认可，而不是受到批评。

既然绩效管理违背人性，那这些企业又是怎么顺应人性进行管理的呢？又是如何进行绩效管理的呢？即不仅是管理价值存量，还要管理“创新”“贡献”等价值增量。

我们看这些企业无论是对绩效管理的理解，还是对人才管理、领导干部管理的理解，始终是以价值贡献、价值评估、价值分配作为主线，真正体现了共享价值的管理理念。

4.4 我们反对什么？

传统的考核往往是单向的，管理者好像高高在上的法官，在指责和挑剔员工的毛病，而现代绩效考核强调的是双向的，也就是强调主管要和员工之间建立绩效伙伴关系，所谓绩效伙伴关系，就是用考核建立一种连带负责关系。

“大多数情况下，员工绩效是由能力问题和态度问题这两方面原因导致的。”而从这两方面原因，我们也能看出，如果是处于能力问题，那么我们可以借助学习、培训等方式去弥补、去提升。但如果是态度问题，很多时候是很难改变的，往往需要投入更多的精力去感化员工。有句老话说，强扭的瓜不甜，这句话用在这里也是合适的。企业的价值观和文化不是一朝一夕形成的，如果强行让员工去认同，并非一种有效的解决办法。这也就是我们常说的“态度决定一切”，态度有时候比能力更重要。

4.5 “正能量”是绩效法宝

充满正能量的人自带光芒和磁场，能够给旁边的人带来吸引和影射。为什么说“正能量”是绩效的法宝呢？想一想，企业实施绩效考核、绩效管理的目的是什么？主要有如下几个方面：

1. 用来分析员工绩效不良的真正原因；
2. 作为判断培训工作是否有效的依据；
3. 作为公司人事调整的重要依据；
4. 作为制定员工职业生涯规划的依据；
5. 作为员工薪酬调整的依据。

所有这些，最终是为了树立企业的英雄人物。因为英雄人物就是企业价值观的人性化体现和组织力量的集中缩影。激励员工是一门复杂的学问，但它的基础十分简单，那就是认可。认可可以有多种形式和仪式，这在企业文化里面是非常重要的，它可以让文化以一种富有凝聚力的方式显现出来。

因此，充满正能量的优秀人才，是绩效管理的“精神产物”之一，能够在群众中发挥非常强大的引导作用。

4.6 鼓励“失败”的文化

要正确地理解绩效文化，并非成功就是全部。

达成绩效不是一种百发百中的秘笈，也不是百战百胜的法宝，绩效管理不仅关注结果也关注达成结果的过程，对绩效的管理应该理解为对达成目标的过程进行管理。曾经有记者采访中国一名优秀射击运动员，当问到他在比赛场上瞄准目标时在想什么？他回答：我没有去想这发子弹将会打中多少环，也没有去想是否将取得世界冠军。我在仔细检查自己身体各部分的技术动作，审视是否符合技术规范要求，如果我的动作细节和全部过程都达到了规定要求，那么这发子弹一定能够打出好成绩。其实这位优秀运动员所阐述的观点就是绩效管理的基本思想。

绩效文化鼓励创新的行为，因为这是企业维持长久竞争能力的基础。每一个企业管理者都经常会受到“但求无过”的思想支配。如果企业管理层把没有短处看成长处，不敢于经常挑战创新和高目标，这样的企业绩效氛围可能会使具有创新精神的员工失望，并使他们的士气低落。对于创新的过程而言，应允许发明创造者有犯错误的权利，因为在创新中犯错误意味着他正在不断地创新，由此带来新的成功机会也会比较大。

一个人如果长期绩效不能达到一定的标准，就应该考虑调换他的岗位，这是对员工负责。一个不能胜任其岗位工作的人会感到烦恼、困惑和焦虑，把他安排在不能胜任的岗位上，对他和企业来说都是不负责任的。如果人与岗位不匹配，那是迁就低能而不是同情，也是管理者的失职，这是绩效文化所反对的。

4.7 给做事者一个舞台

绩效考核的最终目的并不是单纯地进行利益分配，而是促进企业与员工的共同成长。通过考核发现问题、改进问题，找到差距进行提升，最后达成双赢。

绩效考核的应用重点在薪酬和绩效的结合上。薪酬与绩效在人力资源管理中，是两个密不可分的环节。在设定薪酬时，一般已将薪酬分解为固定工资和绩效工资，绩效工资正是通过绩效予以体现，而对员工进行绩效考核也必须要表现在薪酬上，否则绩效和薪酬都失去了激励的作用。

通过绩效考核，把员工聘用、职务升降、培训发展、劳动薪酬相结合，使得企业激励机制得到充分运用，有利于企业的健康发展；同时对员工本人，也便于建立不断自我激励的心理模式。

目前包括华为和百度等企业都从传统KPI转向OKR，无论奋斗者文化还是激活个体潜能，这些业界引领的企业都在为解放员工生产力，点燃团队激情做各种改革。

给真心想做事、勇于担当、充满斗志并且脚踏实地的人一个实现梦想的舞台，如果失去舞台空间，个人的绩效、团队的绩效乃至企业的绩效都无从谈起!

第五章

战略目标分解与设定
——企业各级指挥官的智慧

企业战略目标决定着关键绩效指标，关键绩效指标是对企业战略目标的进一步分解和细化。

5.1 企业 KPI 目标体系设计

企业战略目标是长期性、指导性的任务，而关键绩效指标是各责任主体可衡量的参数，关键绩效指标必须与企业战略目标保持方向一致，并且随着企业战略目标的调整而不断修正，否则会失去其存在的意义。KPI 指标的确立流程如下：

1. 形成企业战略 KPI

从公司战略目标出发，利用鱼骨图分析法、“头脑风暴”法等，抓住主要矛盾，分析出企业的管理重点，进而确定业务标准、关键业绩指标，即形成企业战略级 KPI。从战略目标分解的结果看，关键绩效指标可以分解为财务层面指标、内部运营层面指标、周边关系层面指标、投入指标四种。

2. 明确部门级 KPI

各部门负责人根据公司级 KPI，结合部门职责，明确部门工作流程中的关键要素，明确评价指标体系，形成部门级 KPI。

3. 设定岗位级 KPI

部门负责人或直接主管与各岗位人员共同参与，结合岗位职责，将部门级 KPI 进一步分解出各岗位的业绩衡量指标，即岗位级 KPI。各层级 KPI 都以战略目标为归宿，由此形成企业绩效、部门绩效和个人绩效之间统一、有效、连动的管理系统。

4. 明确评价标准

在明确了衡量指标后，还要明确各指标的评价标准。评价标准，进一步明确指标的实现程度、完成时间等衡量标准。

5. 确定各指标权重及分值

明确衡量指标、设定评价标准之后，需要确定各指标的权重及分值，考核表才算真正成形。

6. 审核考核表

为确保绩效指标能够客观、全面地反映被考核者的工作绩效，保证考核表具有可操作性，需要对各级考核表进行审核。

5.2 平衡计分卡四个维度设计

平衡计分卡（Balance Score Card，BSC）是哈佛商学院的卡普兰教授在 1992 年创立的。据调查，目前全世界前 500 强的企业中有 70% 的企业已经运用了 BSC。平衡计分卡在如何将战略和绩效有机结合，形成具体的目标和测评指标方面形成了系统的方法，在引入中国后，也已经成为很多大中型企业首选的战略绩效管理模式。

平衡计分卡是一种绩效管理方法，它通过四个逻辑相关的角度与其相应的绩效指标，考察公司实现其远景及战略目标的程度。这四个角度分别是：财务、顾客、内部流程、学习与成长。

1. 财务维度

财务维度可以显示企业策略的实施与执行。财务目标通常与获利能力有关，如销售的快速增长或产生现金流量等，而衡量标准往往是营业收入、资本运用报酬率或附加经济价值（Economic Value Added，EVA）。企业在不同的生命周期，有不同的财务目标，然而企业的生命周期与衡量策略的财务指标可相互结合。可以将企业的生命周期分为三个阶段：成长期、成熟期、衰退期。而这三个阶段的企业策略，都受到三个财务性指标的驱使，分别为收益成长与组合、降低成本 / 改进生产力、资产利用 / 投资策略。处于不同生命周期的企业可以依照公司策略，分析出各财务性指标适合的绩效衡量维度。

2. 顾客维度

顾客是企业获利的主要来源，因此，满足顾客的需求便成为企业追求的目标。在这个维度中，管理阶层确定他们希望部门竞逐的顾客和市场的区间，并随时监督部门在这些目标区间的表现。同时，企业管理层也协助企业能够明确地传达自己的价值主张来吸引和保留目标顾客，且价值主张是核心顾客成果度量的动因。而核心顾客的度量包括顾客满意度、顾客保留率、新顾客增加率和顾客获利率等。

3. 内部流程维度

为满足股东、顾客维度目标，应先作企业价值链分析，对旧有的运营流程进行改善，从而达到满足财务及顾客维度的目标，建立一个能解决目前及未来需求的完整的内部过程价值链。一个企业通用的内部价值模式包含三个主要的企业流程：创新、运营及售后服务，由了解顾客需求用于创新并用以涉及新的运营流程，再通过售后服务来达到顾客和股东的目的。

4. 学习与成长维度

员工成长相当于企业的无形资产，有助于企业的进步。而这个维度的主要目标为其他三个维度的目标提供了基础架构，并且是驱动前三个维度获得卓越成果的动力。为了创造长期的成长与进步，确立企业的基础架构，企业的学习与成长来自三个方面：人、系统、组织程序。在其他三个维度中，往往会显示人、系统、程序的实际能力以及其与目标间的落差，企业可借学习与成长维度以达到缩小落差的目的，其衡量指针包括员工满意度、保留率、培训、技术等。

这四个维度间的逻辑关系在于公司的目标是为股东创造价值（财务维度），财务的增长取决于客户的购买量和满意度（顾客维度），为使顾客满意公司必须具备一定的技能和能力（内部流程维度），公司的技能和能力归根到底取决于公司管理制度和人力资本（学习和发展维度）。根据这四个维度可以衍生出具体的指标体系。

5.3 如何变无形资产为有形资产

公司战略目标是否能够完成，取决于公司各部门及全体员工是否清楚公司的战略目标，知道自己未来战略目标的实现应该做什么，并努力去做。这就需要我们能够将公司的战略目标正确地分解成公司经营目标、部门目标和个人工作目标，这也是业绩管理的前提和基础。平衡计分卡恰恰为我们提供了一个很好的方法，让我们从四个方面综合考虑，如何有效地分解战略目标以及如何有效地进行业绩管理。

1. 财务目标

总体财务目标的实现是衡量战略目标是否实现的关键，目前主要的财务考核指标包括利润、销售额、成本、现金流等。在分解财务目标时，应考虑公司处于什么发展阶段，不同的发展阶段有不同的财务管理侧重点，多数公司在考核管理中，不同部门的财务指标只是权重上有些变化，没有明显差异。我们应该就公司所处的不同战略阶段，考虑公司规模、行业背景，制定不同的财务指标，并按照部门职责的不同，分解财务目标到部门。

2. 客户目标

客户目标，是指为了完成财务指标，公司应该进行有效的市场细分，找到自己的目标客户群体，针对目标客户指定适当的市场目标，其关键在于明确公司的现有客户群体和潜在客户群体。客户对产品的满意度和市场占有率的实现情况是完成公司财务目标的主要途径。

3. 内部管理

为了实现公司财务目标和客户目标，公司要不断改进内部管理，是指能满足财务和客户目标的需求。在业绩管理中，通过内部管理进行考核，重点强调职能内部和部门内部，还没有提升到通过内部管理改进战略的角度。

4. 学习和创新

学习和创新是公司实现上述三项目标和取得良好业绩的推动力量。在目前日益激烈的竞争市场环境中，公司的学习能力和创新能力是决定公司竞争力的关键因素，但由于学习和创新能力很难通过量化进行评估，而且周期较长，所以在业绩管理中我们没有重点考虑。

5.4 部门目标设定与分解流程

部门目标设定解决如何对齐公司目标和部门、个人目标并落地实施的问题，通过明确战略主题，明确部门愿景、使命和价值，建立价值模型及因果关系来实现。

1. 明确战略主题

明确战略主题就是战略目标通过战略主题识别矩阵，寻找到有相关性的部门，从而把战略目标分解到各个部门，这是公司战略地图向部门分解的开始。这个向部门分解和落实的过程有些是直接的，如销售收入 500 万元，那么销售部就会有一个相同的目标，有些要在几个部门间进行分解，如公司要降低成本费用，销售部的目标是“降低销售费用”，采购部的目标是“降低材料采购成本”，技术部的目标是“缩短研发周期”，仓储部的目标是“降低库存水平”，几个部门需从不同的角度支持公司“降低成本费用”的目标。

2. 明确部门愿景、使命和价值

通过对战略主题的识别，我们可以将公司的目标和部门的目标连接起来，对于各部门而言，要明确工作目标，就要明确部门的愿景、使命和独特价值。部门愿景、使命的思考和公司愿景、使命的思考模式类似，独特价值则是指该部门区别于其他部门能给公司带来的排他性价值。

关于此问题的思考输出可以概括为以下几点：一是部门在公司中的定位；二是部门的使命和愿景；三是部门的主要职责。

3. 建立价值模型及因果关系

组织层面的绩效指标需要形成一个相互联系的指标“网络”，网络的指标之间存在某种因果关系，组织的战略则通过这个网络得到了有效的诠释。

“因”与“果”之间的关系，形成了获得更为长久的客户关系的能力，最终实现长远的增长，而向目标客户传递的具有企业特色的价值赢得了客户高度的忠诚。而合理设计的岗位及运营流程，是我们的员工致力于创造有价值的活动，所有这一切环境的建立，最终使得公司处于一个良性循环的过程中。

对于因果关系，可以用流程驱动来寻找。结合签署的战略主题的识别矩阵，分析哪些流程对战略主题有最直接的驱动力。

5.5　目标设定科学边界与选择标准

1. 目标设定的基本原则：

- 重要性原则：对整个公司的整体价值和业务重点的影响。
- 可操作性原则：指标必须有明确的定义和计算方法，以及数据来源。
- 可控性原则：该指标有明确的责任人，并有较大的控制力。
- 关联性原则：指标之间有一定的关联性。
- 量化管理原则：“不能衡量它，就不要管理它”。

2. 目标设定的衡量要点：

- 该指标可量化吗？是否有可信的衡量标准？

- 该指标是否与战略有关联，是间接还是直接？
- 该指标的责任人容易明确吗？
- 该指标名称是否是量化的表现形式（比率、绝对数量等）？
- 分解纬度：质量、数量、成本、时效四个方面。

3. 目标设定的选择依据

- 有效性，就是要求所设计的指标能够客观地、最为集中地反映要素的要求；
- 可量化，所设计的指标应该尽可能地量化，能够评价出来，尽量避免凭感觉、主观判断的影响；
- 易测量，计算过程尽量简单，以容易计算的指标来进行衡量。

看到这里，大家应该觉得非常的眼熟了吧？的确，这三个方面与我们常说的 SMART 原则有异曲同工之处。SMART 作为目标管理原则运用在绩效管理方面，主要落实在选择设定绩效指标这个环节。

5.6 目标设定过程的管理博弈

1. KPI 指标设定原则

- **SMART 原则**

S 代表具体（Specific）：即指标要尽量做到具体，不能笼统模糊；

M 代表可度量（Measurable）：即指标要尽可能量化，不能量化的就要细化，也就是说指标不能用数字表现的就要把它分解到最小的具体组织单位；

A 代表可实现（Attainable）：即指标通过尽最大努力的情况下最终可以达成，避免设立过高或过低的无效目标；

R 代表相关性（Realistic）：即指标是明确的，保证与组织目标相关、一致；

T 代表有时限（Time bound）：即指标必须在特定的期限内完成。

- **结果导向原则**

指标的设定、选择要体现出结果优先的原则，首先考虑岗位的工作产出，从工作产出中分析确定主要和次要项目，再依据其重要性进行筛选，最终确定 KPI 指标。

2. KPI 指标设定步骤

步骤一：提取指标

- **从战略目标中提取**

企业战略规划的实施实际上就是通过战略导向的绩效指标的设计来实现的。从战略目标这条线需要分解的目标计划包括企业中长期发展战略、年度目标或短期重点工作。从这条线上分解出来的 KPI 指标，主要是偏计划类指标。

- **从工作分析中提取**

工作分析是设计绩效考核指标的基础依据。根据考核目的，对被考核者的岗位的工作内容、性质以及完成这些工作所具备的条件等进行研究和分析，以确定指标的各项要素。从这条线分解下来的 KPI 主要偏重于职能类指标。

- **从业务流程中提取**

绩效考核指标必须从业务流程中去把握。根据被考核者在流程中扮演的角色、责任以及同上游、下游之间的关系，来确定其衡量工作成效的绩效指标。

在工作分析、企业业务流程方面提取指标时，着重从对工作业绩产生重要影响的工作内容和占用大量工作时间的工作内容去考虑。

步骤二：筛选指标

- **指标的数量限制**

由于绩效管理成本的限制，如指标考核执行困难、数据获取成本过高等，提取绩效考核指标必须有相应数量限制，所以在提取指标时，需要遵循 20/80 原理，选取出最需要考核的指标。对绩效考核指标的数量限制还与不同层次的岗位有关，越在基层，数量相对越少。

- **指标筛选要点**

筛选 KPI 指标，可依据以下要点：

可理解：能被简单明了地交流，容易被执行者所接受和理解吗？

可控制：是否有直接的责任归属？能否被直接责任人基本控制？

可实施：是否可促使责任人采取行动来改进绩效？

可信赖：是否有稳定的数据来源和科学的数据处理方法来支持指标？

可衡量：是否能够量化？是否有可信的衡量标准或计算公式？

可低成本获取：获取数据的成本是否高于其带来的价值？

与整个指标体系一致：是否与企业中的上一层或下一层的指标相联系？

步骤三：审核指标

- **信度与效度审核**

筛选完指标后，必须对留下的这些指标进行进一步的审核。主要是信度和效度的问题。审核这样的一些问题：多个评价者对同一个绩效指标进行评价，结果是否能取得一致？这些指标的总和是否可以解释被评估者80%以上的工作目标？跟踪和监控这些关键绩效指标是否可以操作？等等。审核主要是为了确保这些关键绩效指标能够全面、客观地反映被评价对象的绩效，而且易于操作。

- **指标内容审核**

需要重点审核的内容包括：

- 指标的正式名称是什么？指标的准确定义是什么？
- 设立指标的直接目的何在？
- 围绕着这个绩效考核指标有哪些相关的说明？
- 由哪个部门或岗位负责收集所需要的数据或信息，用什么流程来收集？
- 所需要的数据从何而来？
- 计算数据的主要数学公式是什么？
- 统计的周期是什么？
- 哪个部门或岗位负责数据的审核？

步骤四：设定标准与权重

- **设定指标标准**

指标体系确立之后，还需要设定评价标准。一般来说，指标指的是从哪些方面衡量或评价工作，解决"评价什么"的问题；而标准指的是在各个指标上分别应该达到什么样的水平，解决"被评价者怎样做、做多少"的问题。

指标标准的设定采取三级划分法：在目标管理中，可接受的指标范围为三级：第一级被称为"门槛指标"，也就是部门内每个员工都必须达到的指标；再往上一级，第二级被称之为"理想指标"，在状况、条件很好的时候，通过个人努力能够达到的层次；第三级被称为"挑战指标"。

- **设定指标权重**

对指标进行权重分配，即要在多个指标中区分出其相对重要程度来，并根据重要程度进行排列。

3. KPI 指标设定应注意的问题

- **指标设定是否合理**

一般来说需要关注两个问题：一个问题是员工能否对该指标的结果真正起到作用，承担超出自己职责和权限范围的指标对员工来说是不公平的，此时需要找出在该项指标中对员工真正能起作用的分指标。

另一个问题是该指标能否真实有效地反映工作状态，指标就如同一台机器的运作参数，一组合适的参数能从各个侧面真实地反映机器的整体运转状态。对不恰当的指标进行评估，不但无谓消耗管理资源，而且对员工的行为产生误导，或引发下属的普遍不满。

- **指标值的难度是否合适**

简单来看，目标值可视作上司对下属工作达成程度的期望值，只要是上司的期望，就可能作为目标值。目标值一般至少需要设置“门槛目标”和“挑战目标”两层，前者基本完成了“应承担”的职责，后者则表明达到了优秀的程度。

从定性上来说，可以根据业绩的历史数据，将本期的“合格目标”值定在略高于去年实绩的位置上，若本期和上期相比，多追加了或减少了工作资源，或是外部环境有了良性或恶性的影响因素，可适度再上下调整。而“挑战目标”的设置比较困难，可参考公司的战略目标水平，或者以上一级管理/专业人员的视野和能力状态可能达到的业绩水平作为参考。

- **指标的设定是否有重点**

指标用于衡量组织的目标，目的是将员工的行为引向组织目标的方向，因此，检验指标设计的水准，是看指标是否强化了企业所需的员工行为。指标不在于全面、科学，而在于聚焦、有效。

第六章

狠抓关键 KPI
——不要眉毛胡子一把抓

在绩效考核上，如果不能通过抓住问题的主要矛盾，琢磨出考核关键点让考核变得简单并且有明确的目标驱动，被考核者就会迷失方向。

6.1 如何为团队和下属设定 KPI

1. 团队常见的主要类型

团队由两个或两个以上的人组成，通过彼此协调各自的活动来最终实现共同目标的人组成的全体。团队具有以下特点：有共同的目标和价值观，成员技能互补，相互依赖、信任，信息交流，经验共享，同时团队成员（以下简称团员）共同承担责任。

2. 团队常见的主要考核模式

模式	考核操作要点	和团队负责人利益挂钩	和团员利益挂钩关系
团队模式	这种考核模式的核心是企业鼓励团队作战精神，团队的考核成绩就是团队负责人的考核成绩，公司评价团队整体绩效，发放总的奖金包（或者下浮薪酬要求），团队内部自行分配，是否处罚业绩差的成员，由团队集体研究决定。	挂钩	挂钩（也有单独考核）
团员模式	每个成员各自单独考核，业绩超标完成的个人享受超额鼓励奖励，团队负责人业绩单独考核，和团队个人考核无关。	不挂钩	挂钩（单独考核）

续表

模式	考核操作要点	和团队负责人利益挂钩	和团员利益挂钩关系
双团模式	负责人按照团队整体业绩考核，但是每个成员各自单独考核，业绩超标完成的个人享受超额鼓励奖励，和团队总体业绩不挂钩。	挂钩	不挂钩
虚拟模式	员工绩效和团队负责人绩效都是独立的，团队负责人只负责日常行政管理而不涉及业务管理，团队负责人与员工之间没有任何业务管理关系。	不挂钩	不挂钩

3. 团队考核模式选择方法

上述四种模式的选择要结合企业文化、企业经营管理理念以及具体团队业务特征来确定，每种模式考核和员工考核关系分析如下：

（1）团队考核模式：这种模式基于团队成员业务关联度，如果业务关联在一起，需要相互支撑、相互帮助，那么采用团队模式是最佳的。这种考核模式下，团队考核结果和团队的奖励（处罚）挂钩，当然优秀的个人会受到绩效奖励，表现差的也会受到处罚。奖惩由负责人内部处理，原则上团队奖惩总数抵销后不能超过公司给的奖励底线。

（2）团员模式：业务没有关联需要单打独斗，每个成员各自单独考核，业绩超标完成的个人享受超额鼓励奖励，团队负责人业绩需要单独考核，和团队个人考核无关，同样适用奖惩分明的考核方式。

（3）双团模式：团队负责人按照团队总体业绩考核，但是每个成员各自单独考核，业绩超标完成的个人享受超额鼓励奖励，和团队总体业绩不挂钩，团队业绩额的好坏和团队负责人考核奖惩挂钩。

（4）虚拟团模式：团队内部临时成立，或者业务管理是松耦合关系，这种模式实践中成立的团队或者部门都是虚拟的，团队或部门的负责人和部门成员没有必然的业务关系，相互都是独立的。这种管理模式下，团队或部门是虚拟的或历史组成的，需要上级领导直接管辖。

对于企业成立的“虚拟管理小组”或者其他“虚拟小组”也可以看成虚拟团，如业绩考核小组、薪酬小组等。这种团队是由相关负责人组建的，受总经理的领导和指挥，小组长依总经理的“授权”发挥管理职能。

4. 团队绩效考核指标提炼方法

团队 KPI 的指标可以分为主要指标、辅助指标、否决指标三大类：

- KPI 主要指标：是完成团队职责比较重要的指标，应设置不同的百分比权重；
- KPI 辅助指标：指重要性相对较小或者各团队都具有的公共指标，为扣分项；
- KPI 否决指标：对于团队某些严重失误或者客户重大投诉采

用“一票否决”指标。该指标不占权重，但该指标如果未达到标准，团队的整体业绩和奖励要大打折扣乃至为零。

在确定团队绩效考核的指标分类后，需要确立团队绩效考核指标体系。团队绩效考核指标体系就是公司的指挥棒，考核指挥棒指向哪里，团队就会往哪个方向努力。一般情况下，团队考核遵循一个相对科学的团队绩效考核指标提取的流程。

5. 团队考核关键要点说明

建立卓有成效的团队是很多企业管理上追求的目标，但是如何对团队进行科学的绩效考核，如何建立客观的团队绩效考核指标是企业管理者面临的一大难题。

团队绩效管理以团队建设为核心，融合了企业整体绩效指标对团队的期望目标。通过有效的团队激励在团队内部形成自我激励，企业通过有效的责任和权力下放，让团队管理者和团队成员更加关注结果，通过发扬团队精神让大家齐心协力，面向共同的目标拧成一股儿绳。

企业对不同层次的团队可确定不同的绩效管理关系。

（1）部门考核：部门考核要提炼影响部门绩效的关键任务和关键工作目标，特别是对于职能部门的考核，不能眉毛胡子一把抓，迷失管理方向。

对于业务部门，要提炼影响业务部门的关键指标，如销售部年度销售额就是权重最大的考核指标，生产部对于生产计划的落实率就是最关键的指标。

对于不是特别重要的考核项目，可以简单合并考核指标，之后在每个具体岗位上根据岗位重要程度放大考核权重并落实到每个人。

例如，培训对于人力资源部经理可能考核权重占 10%，但是对于培训主管的考核权重要占 60% 以上，这就是部门考核与基层岗位考核价值链的关系。

（2）项目考核：对于公司的项目，按照项目管理三角形的理论，常见考核指标包括项目进度、项目质量和项目成本。此外，可以结合公司管理价值导向，将项目可复用度（未来项目使用）、项目客户满意度以及项目成果创新程度等列入考核指标。

6.2 KPI 设定的三个关键法

在绩效管理中，KPI 指标的设定合理与否关系到整个绩效管理体系的成败。而在 KPI 设定的过程中，关键人、关键节点、关键成果的明确尤为重要。

1. 关键人

在绩效管理中，上级、下级、平级、自己、外部客户等，都可以成为考评者。KPI 的设定，也需要考评的目的、考评的方式、考评指标和标准等因素来综合考虑。

➢ **看考评的目的**

如了解操作工人的绩效提高程度，由其直接主管考核较合适，因为直接主管最熟悉；若是了解员工潜能，便于能力的培训与开发，则应由上级、同事、自我同时作为考评者较合适，可以从多视角考察员工的不足。

➢ **看考评的方式**

若采取上级考评的方式，顾名思义，被考评者的上级作为考评者较合适；若采取360度考评的方式，则由上级、下级、平级、自己、外部客户等同时作为考评者较合适，只是权重不同而已。

➢ **看考评的指标**

如“客户满意度”之类的指标，当然最好由客户来考评；而KPI，一般由相关部门进行核算，如“销售收入”指标，可以由财务部核算考评。

➢ **看企业的需要**

有些企业，考评指标数据的提供者就是考评者；而有些企业则由被考评者的主管作为考评者，考评指标数据由相关人员提供。

如生产部的产品合格率，既可以由考评数据的提供者——质量部来考核，也可以由生产部的主管领导——生产副总来考核，看企业的需要和选择。

2. 关键节点

➢ **KPI目标确定**

确定KPI体系的目标至关重要，但往往被人们所忽视。准确定位 KPI 体系建立的目标，首先，要明确公司的愿景和战略目标，公司所有的绩效结果标准都必须与公司的目标相一致。公司目标通常可以体现在财务、战略、组织、公司价值四个方面。财务目标衡量业务单元的财务业绩，如收入、净利润等；战略目标是一种长期的、目标明确的衡量指标，衡量业务可持续的获利能力，如重点客户细分、客户满意度等；组织目标致力于建立一个能够吸引、保留和激励人才的强大组织，如人才保留、技能培养、风险控制体系等；公司价值目标是公司区别于同行业者的显著特点，如工作理念、专业化和职业化操守等。

其次，需层层分解公司目标，形成整个公司的“价值场”。公司目标的分解方法应根据企业的实际情况而定，常用的分解方法包括综合分析法，即分析公司过去三年的历史数据，判断发展趋势；对比法，即同国际、国内的业绩最佳典范比照，并结合企业自身能力评估而进一步分解公司目标；预测法，即对公司未来在业绩增长、业务组合优化等进行合理的预测，从而细分公司目标。

最后，设立合理的、富有挑战性的 KPI 目标，并为其赋予相应的业绩分值。KPI 目标由基本目标和挑战目标共同构成。基本目标体现正好完成对岗位所期望的工作水平，考虑可达到性与合理性，是根据公司预算和经营计划而定。挑战目标体现对完成业绩的最高期望值，考虑挑战性，是参照业绩围绕基本目标的变化弹性而定，应高出公司预算和经营计划目标。

➢ **划分责任中心**

责任中心是指企业里相对独立的具有一定的管理权限，并具有相应的经济责任的内部单位，是一个权、责、利相结合的责任单元。责任中心的划分是以考核为主要目的，每一个责任中心按其划分的标准不同而具备相应的权利义务关系，KPI 的确立也正是依据不同的责任中心而确定不同的指标体系。

建立责任中心的关键就是分清责任与权限，并为责任中心充分授权。这里所说的分清责任与权限包含两个方面的含义：其一是各责任中心之间的责任与权限必须十分清楚，不能互相交叉，否则，就会出现各责任中心之间相互扯皮的现象；其二是各责任中心的责任与权限必须十分明确，不能含糊其词、模棱两可。

➢ **确定关键绩效指标**

确定关键绩效指标是 KPI 体系建立的核心部分，大致可以分三个步骤进行。

一是明确 BSC 和价值树。

BSC 即平衡计分卡，它从财务、客户、内部流程和学习与发展四个不同的侧面将企业愿景和战略转化为目标和考核指标，从而实现对企业绩效进行全方位的监控和管理。BSC 四个层面的指标可以概括为效益类、营运类和组织类三大类。效益类指标是体现公司价值创造的直接财务指标，可以全面衡量创造股东价值的能力；营运类指标是实现公司价值增长的重要营运结果与控制变量，利用最有效的营运杠杆可以衡量和确保战略及财务目标完成的能力；组织类指标是实现积极健康的工作环境与公司文化的人员管理指标，可以用来衡量推动企业价值观建立与人员组织竞争力的能力。

价值树示意图是一种用于呈现理念的工具，具有四个维度分解：因素、责任、时间和数值，形式上从高到低、从前到末，横贯一体，核心是建立了层级之间的链接关系，以及与上下价值树的关系。不同的组织需要不同的 KPI，每一个责任中心，无论业务和职能部门，都要建立一棵“价值树”，每个成员都要成为价值树的枝杈。价值树直观上应该是一个多种功能视图，既能反映价值创造的内在关系，又能直观地展现出：“由谁？在什么时间？通过什么驱动因素，创造了什么价值产出”，它具有覆盖功能、描述功能、测算功能、适配功能和检验功能。

二是找出具有重大影响的关键绩效指标。

影响企业经营成果的因素有很多，如经营决策、市场条件、政府监管、自然资源条件等，但关键业绩指标只衡量经营成果中的可影响部分，即关键业绩指标的衡量领域主要包括企业的经营决策与执行部分。

关键业绩指标的选择方法有很多，包括 KPI 矩阵法、敏感性分析法、结合关键成功因素法等，或综合使用以上的多种方法以达到优势互补。在这些方法中，敏感性分析法是一种易于操作并效果显著的方法，被很多企业采用。所谓敏感性分析法，就是先依据经验或历史数据确定若干个较为重要的指标，然后给各个指标增加 10%，对引起资产贡献率变化最大的指标即可选定为关键绩效指标。

三是给各部门、岗位确定关键绩效指标。

选定关键绩效指标后，就需要将指标层层分解到各部门或各相关人员，具体工作可以通过访谈或分析历史资料，并不断地以沟通反馈的方法进行，并保证指标分解后的有效性、可控性和指标的可测性。

➢ **赋予权重**

权重设定是KPI体系构建中一个很重要的环节，依据企业经验，过高的权重易导致员工“抓大头，扔小头”，对其他与工作质量密切相关的指标不加关注；且过高的权重会使员工考核风险过于集中，万一不能完成指标，则整年的奖金薪酬均会受很大影响，因此KPI权重一般在5%—30%。另外，出于简化计算难度的考虑，所取的权重一般取5的整倍数，并且得分一般利用线性变化算比例。

3. 关键成果

关键绩效指标的作用一方面是用来评估目标达成的量化指标，另一方面是用来回答“如何评估成功？”当明确了关键绩效指标的由来与相应作用之后，再看一下关键绩效指标在绩效管理中的地位与作用。首先，关键绩效指标是绩效管理中绩效计划的重要组成部分；其次，关键绩效指标是实现企业经营目标有重要作用的绩效指标；最后，关键绩效指标是用于评估企业工作人员工作绩效表现的量化或细化的标准体系。

关键绩效指标的作用不仅体现在绩效计划中，同时也体现在绩效实施与绩效评估中。再者，在绩效反馈中，上级对于下级的绩效反馈与改进也是通过关键绩效指标执行的成效来进行的。从绩效管理的基本定义来看：绩效管理就是实现企业经营目标的管理系统——为此，绩效管理与关键绩效指标的出发点是一致的。

6.3 只需三个 KPI 抓住关键要点

从绩效管理的全过程来看，在不提取并设定关键绩效指标的情况下对绩效进行管理，就无从提高组织或员工个人的绩效。不设定关键绩效指标，就无法知道现在的绩效表现与期望是否有差距，也不知道该提高到什么程度。而且也无法掌握绩效提高前后的关键性信息资料，也就无从检查和对比员工绩效是不是真正有所提高。

对于管理者来说，提取并设定关键绩效指标对组织或员工个人的绩效进行考评，能够把握全局，明确目标，突出重点，简化程序，满足单位绩效管理的各种需要。对于被考评者来说，提取并设定关键绩效指标，有利于被考评者——无论是团队还是员工个人都有明确的努力方向和清晰的目标地位，他们清晰地知道自己将要做什么，以及将要做到什么程度。因此，KPI 的设定不但要量化，还要细化，要遵循 SMART 原则，既要具体可衡量，又要在规定的时间内实现。

在这里，我们要强调 KPI 设定的数量要求不宜过多，以三个为最佳。

为什么这么说呢?

其一，KPI 设定的数量过多会导致员工分不清主次，成为“没头的苍蝇”，很容易导致顾此失彼，或者哪个都顾不上、完不成；

其二，KPI 的设置抓住关键要点，员工在执行过程中才能有明确的方向。

同时要指出，KPI的设置，要充分了解员工的个人能力水平，要综合员工的实际水平，不宜设置得过高，以免员工自身压力过大，即使用尽全力也无法完成；也不宜设置得过低，让员工觉得轻而易举就可做到。KPI的设定，要让员工既觉得有挑战，又觉得是一种激励，是对自己能力的认可，也是自身努力的方向。这样，才能充分发挥KPI的真正作用。

6.4　最好避免定性评价

通常员工的绩效考核指标有两个：一是定量考核指标，二是定性考核指标。定量考核指标是用数据计量可量化的，考核结果具有一定的客观性和公平性；定性考核指标是用文字描述不可量化的，这些指标非常模糊、笼统，没有具体的评价标准和统一的规定，考核结果的准确度不高。在实际操作中，考核者往往带有个人主观倾向，对员工的工作绩效只能做出模糊的判断，如很好、好、一般、不太好或不好，影响了被考核者对考核结果的认同和信服感。

1. 对定性考核的主观偏误

➢ 理解上的偏误

由于定性考核指标是以文字描述的，指标看似很客观，但每一个考核要素及其好坏程度的解释是开放式的，考核者对指标的理解和解释会存在差异。例如，同样是“优、良、合格、不合格”等标准，不同考核者的理解会有偏差，同一个职工，甲考核者可能会选“优秀”，乙考核者可能会选“合格”，在管理工作中容易引起矛盾和争议，造成上下级关系紧张，使绩效考核成为企业管理混乱的根源。

➢ **程度上的误差**

由于企业对定性考核指标的考核往往是凭考核者的主观印象操作，考核者对喜欢或不喜欢、熟悉或不熟悉的员工的考核结果自然会产生不一致。同时，有些考核者倾向于对员工的工作绩效给出较高的评价，而有些考核者倾向于对员工的工作绩效给出较低的评价，这样容易人为地造成员工间的考核不公平。

➢ **标准上的模糊**

由于定性考核指标反映被考核者的业绩往往是笼统的、涵盖多方面内容，无法像定量指标那样建立一套客观、明确的绩效考核标准，其主观性较强，考核者只能凭着对被考核者业绩的总体感觉给出一个印象分，容易使人为因素、主观判断渗透绩效考核中，导致考核结果不能真实反映被考核者的实际业绩情况。

➢ **结果上的扭曲**

由于定性考核指标模糊和难以量化，考评结果容易受考核者主观意识的影响和经验的局限，被“人情分”“整体趋高”或“趋中”所左右，同时考核者个人素质也会影响考核结果的客观性和准确性，造成实际考核结果的扭曲和失真，使员工对考核产生抵触情绪。

2. 有效管理定性考核指标

定性考核指标虽然具有操作方法简便、可行性强等优势，但因主观偏误对考核结果影响严重，在一些企业甚至被领导用来作为排除异己的手段，引起员工的不满，其说明力、公正性已受到质疑。

为了有效发挥绩效考核的作用，在设计定性考核指标时，必须围绕考核对象的具体要求细化指标标准，减少指标标准的笼统和模糊，以体现考核的准确性和全面性，有效根除定性考核指标主观偏误的现象。

通过设立准确细化的定性考核指标和标准，才能明确组织、部门和员工绩效周期内的工作重点与努力方向，使定性考核指标能够像定量考核指标一样较为精确，企业的绩效考核才能做到相对公正、公平和客观。

企业通过客观的考核结果激发员工的工作热情和创新精神，可以推动员工能力的发展；以合理的考核指标和标准引导员工正确、有效的绩效行为，聚焦员工的工作范围与内容以及相关的工作行为，提高员工工作目标的有效性，使员工的绩效行为与企业的战略目标保持一致，从而形成企业上下的绩效合力。

要想避免因定性考核指标主观偏误产生考核不公平的现象，可通过绩效管理手段来弥补定性考核指标的不足。

➢ **定性考核指标细分等级法**

为了避免定性考核指标的模糊性以及考核时人为的主观性，可将传统业绩评定表和关键事件法结合，对员工的特定工作行为及具体要求进行具体描述。首先，根据关键事件法将不能定量考核的工作行为描述出来，形成定性考核指标。其次，将定性考核指标进行细化和更客观的描述，形成考核维度。考核维度反映了定性考核指标完成情况的关键环节，减少了定性考核指标整体考核的笼统和模糊，能够充分体现被考核者的业绩。最后，针对每一个可考核维度，用数据和事实对员工的工作成果或工作履行情况确定。由此形成明确和具体的可衡量考核标准，并对不同等级考核标准给出详细的指征。这样一来，便可以大大提高考核的公正性和可操作性。

➢ **职位分析绩效考核法**

这是将员工的定性考核指标与岗位任职资格相比的考核办法。为了减少定性考核指标人为因素对绩效考核结果的影响，使员工信服考核结果，可根据职位说明书中的岗位任职资格设计定性考核指标，以增强定性考核指标的信度。首先，根据企业的战略目标，采用目标管理方法将企业战略目标分解到个人，形成个人目标。其次，根据个人目标，选取绩效指标。再次，结合岗位说明书，形成个人行为标准指标。最后，将收集的指标进行系统分析调整后，提炼出员工个人的绩效指标。在考核期结束时，用符合员工自身岗位实际水平的任职资格作为考核标准，来衡量员工的工作绩效，增加了定性考核指标的可操作性和可信性。

➢ **绩效合约管理考核法**

为了避免考核者对员工定性考核指标完成情况随意打分的情况，可以将员工在绩效考核期间的工作任务、工作目标和标准事先以绩效合约的形式进行界定，以此作为员工绩效考核的依据。首先，在考核周期开始前依据组织目标和工作职责，针对在绩效考核期间员工应达到的工作目标和标准，由考核者与员工共同沟通达成一致意见。其次，对达成一致意见的考核项目提取考核指标，并对每个绩效指标设立具体可操作的绩效标准，并签订个人绩效合约。在设定绩效标准时设立了两类标准：最高标准与考核标准。最高标准是对被考核者没做要求和期望但可以达到的绩效水平，这个标准不是人人都能达到的，主要是为了识别优秀员工，代表组织所鼓励的行为。考核标准是期望被考核者达到的水平，是用来判断员工的绩效是否能满足基本的要求。最后，以绩效合约的考核标准，作为员工绩效考核具体内容的依据，考核期结束后对员工工作的完成情况及绩效行为进行考核。

总之，绩效考核作为评估员工工作结果及其对组织贡献大小的一种管理手段，每一个组织都在实施，而合理明确的定性考核指标，是绩效考核体系得以成功实施的前提。只有准确、客观地设计定性考核指标，才能确立对员工绩效考核的内容以及绩效考核的标准，从而影响员工对待工作的态度，进一步起到引导员工行为的作用；同时，准确、客观的定性考核指标可以有效获取员工的考核结果，在很大程度上降低了考核中主观偏误的风险。

6.5 KPI考核数据收集靠谱吗？

绩效考核数据（以下简称考核数据）的记录和采集是绩效管理

的一项基础工作，准确、及时的考核数据对绩效考核的顺利实施具有重要意义。任何有效的关键业绩指标如果不能保证考核数据的真实有效收集都是空中楼阁，没有任何价值。

通过对员工的绩效进行记录和收集，可以发现员工绩效方面存在的问题。通过和其他优秀员工进行对比，可以提出改进的绩效目标。对考核数据的记录和收集可以使管理者掌握绩效优异和绩效低下的关键事件，可以探询绩效优异或绩效低下的深层次原因。

1. 考核数据采集的原则

考核数据采集的原则主要有以下五个方面，这些原则是保证考核数据采集数量和质量最基本的要求。

- 可靠性原则。指采集的考核数据必须是真实对象或环境所产生的，必须保证信息来源是可靠的，必须保证采集的信息能反映真实的绩效状况，可靠性原则是考核数据采集的基础。
- 完整性原则。指采集的考核数据在内容上必须完整无缺，考核数据采集必须按照一定的标准要求，采集反映被考核对象绩效全貌的信息，完整性原则是考核数据利用的基础。
- 实时性原则。指能及时获取所需的信息，实时性原则保证考核数据采集的时效。其一般有三层含义：一是指考核数据自发生到被采集的时间间隔，间隔越短就越及时。二是指在执行某一任务急需某一信息时能够很快采集到该信息。三是指采集考核数据所花去的时间，花的时间越少就越快。
- 准确性原则。指采集到的考核数据与绩效目标和工作需求的关联程度比较高，采集到考核数据的表达是无误的，是属于考核数据采集目的范畴之内的，具有适用性，是有价值的。关联程度越高，适应性越强，就越准确。这一点保证了考核数据采集的价值。

- 易用性原则。指采集到的考核数据应按照一定的形式呈现，便于绩效考核评价双方理解、使用。

2. 考核数据采集的流程

在考核数据采集的过程中，首先由人力资源部配合各绩效考核主体、考核对象明确考核数据搜集的渠道和搜集的方法。考核对象对本人考核数据的搜集负有主要的责任，考核主体对考核对象、考核数据的搜集负有次要的责任并负有审核的责任。

绩效考核主体与被考核部门及人力资源部一起明确各指标的定义、内容、公式等，包括指标中相关名词的解释和定义。建立衡量指标的有关标准，确立合理、科学的指标计算方法，达成一致意见后由人力资源部负责备案。各部门收集本部门需提供的所有KPI考核数据。

3. 考核数据采集的方法

采集考核数据的方法有工作记录法、定期抽查法、检查扣分法、关键事件记录法等。工作记录法是指对于质量、时限等指标，按照规定由考核对象填写原始记录单，并定期进行汇总统计获得绩效考核有关信息。定期抽查法是指为了保证上述信息的真实有效性，考核主体对考核对象、考核数据进行抽查的方法。检查扣分法是针对

KPI 中出现扣分事项进行检查登记，发现一次记录一次，以便为期末绩效考核提供原始信息。关键事件记录法是针对员工特别突出或异常的情况进行记录，关键事件的记录有助于考核主体对考核对象及时监督，对存在的问题进行及时的反馈和纠偏。

4. 考核数据的审核与确认

人力资源部负责对收集的数据进行审核和确认工作，对有疑义的数据结果可直接向数据提供部门或个人要求解释，获得双方认同后更改数据考核表内容并签字确认，同时知会被考核部门或个人。若被考核部门或个人针对本部门的 KPI 考核数据有疑义，可提出疑义，在与人力资源部进行绩效反馈后，达成一致。

人力资源部根据汇总数据考核表结果，对各个部门的 KPI 评分进行审核，并将考核指标结果和评分情况反馈给被考核部门。在被考核部门或被考核员工就考核结果达成充分一致后，被考核部门或被考核个人在考核表上签字生效。

6.6 量化考核究竟怎么搞?

绩效考核是现代人力资源管理的一项重要内容。几乎所有的企业都有自己的绩效考核方案，但是许多曾经比较适用的方案随着时间的推移渐渐失去往日的效用，不仅起不到激励员工的作用，甚至在某种程度上正阻碍着企业的发展。绩效考核的量化，实质上就是尽量用量化的数据、指标来反映员工工作业绩的一种表现形式。

量化考核有以下几种考核方法：

1. 目标管理法

目标管理法是指主管人员和下属共同参与制定双方同意的目标，使组织目标得以确定和满足的一种方法。这些目标是详细的、可测量的、受时间控制的，而且结合在一个行动计划中。在以双方确定的客观绩效标准为中心的绩效测评期间，每一进步的取得和目标的实现是可以测量和监控的。

目标管理是参与管理的一种形式。目标的实现者同时也是目标的制定者，即由上级与下级一起共同确定目标。首先确定总目标，然后将总目标分解，逐级展开，通过上下协商，制定企业各部门直至每个员工的目标。

目标管理重视结果，强调自主、自觉，但这并不等于领导可以放手不管，领导对目标实施过程的管理是不可缺少的。在对实现目标的过程进行管理的过程中，领导要对下属的工作进行定期检查，利用双方经常接触的机会和信息反馈渠道自然地进行；领导要向下级通报进度，便于互相协调；领导还要帮助下级解决工作中遇到的难题，当出现意外、不可测事件等情况严重影响组织目标实现时，适时地修改原定目标。

2. 相对比较法

➢ 序列比较法

序列比较法是对按员工工作成绩的好坏进行排序考核的一种方法。在考核之前，首先要确定考核的模块，但是不确定要达到的工作标准。将相同职务的所有员工在同一考核模块中进行比较，根据他们的工作状况排列顺序，工作较好的排名在前，工作较差的排名在后。最后，将每位员工几个模块的排序数字相加，就是该员工的考核结果。总数越小，绩效考核成绩越好。

➢ 相对比较法

相对比较法是对员工进行两两比较，任何两位员工都要进行一次比较。两名员工比较之后，相对较好的员工记“1”，相对较差的员工记“0”。所有的员工相互比较完毕后，将每个人的得分相加，总分越高，绩效考核的成绩越好。

➢ 强制比例法

强制比例法是指根据被考核者的业绩，将被考核者按一定的比例分为几类（最好、较好、中等、较差、最差）进行考核的方法。

3. 绝对评价法

➢ 目标管理法

目标管理是通过将组织的整体目标逐级分解直至个人目标，最后根据被考核人完成工作目标的情况来进行考核的一种绩效考核方式。在开始工作之前，考核人和被考核人应该对需要完成的工作内容、时间期限、考核的标准达成一致。在时间期限结束时，考核人根据被考核人的工作状况及原先制定的考核标准来进行考核。

➢ **关键绩效指标法**

关键绩效指标法是以企业年度目标为依据，通过对员工工作绩效特征的分析，据此确定反映企业、部门和员工个人一定期限内综合业绩的关键性量化指标，并以此为基础进行绩效考核。

➢ **等级评估法**

等级评估法根据工作分析，将被考核岗位的工作内容划分为相互独立的几个模块，在每个模块中用明确的语言描述完成该模块工作需要达到的工作标准。同时，将标准分为几个等级选项，如“优、良、合格、不合格”等，考核人根据被考核人的实际工作表现，对每个模块的完成情况进行评估。总成绩便为该员工的考核成绩。

➢ **平衡计分卡**

平衡计分卡从企业的财务、顾客、内部业务过程、学习和成长四个角度进行评价，并根据战略的要求给予各指标不同的权重，实现对企业的综合测评，从而使得管理者能整体把握和控制企业，最终实现企业的战略目标。

4. 描述法

➢ **全视角考核法**

全视角考核法（360° 考核法），即上级、同事、下属、自己和顾客对被考核者进行考核的一种考核方法。通过这种多维度的评价，综合不同评价者的意见，则可以得出一个全面、公正的评价。

➢ **重要事件法**

重要事件是指考核人在平时注意收集被考核人的“重要事件”，这里的“重要事件”是指那些会对部门的整体工作绩效产生积极或消极的重要影响的事件，对这些表现要形成书面记录，根据这些书面记录进行整理和分析，最终形成考核结果。

绩效定量管理法正是在不同的时期和不同的工作状况下，通过对数据的科学处理，及时、准确地考核，协调落实收入、能力、分配关系。

第七章

绩效风险控制
——定考核指标要留有余度

何为绩效风险？是指在绩效考核实施过程中，由于没有正确处理考核体系中各个部分之间的关系，导致考核结果与目标有偏差，从而给企业管控带来损失的可能性。

7.1　不要把鸡蛋放在一个篮子里

风险事件的发生及其后果具有偶然性，风险事件是否发生、何时发生、发生之后造成何种后果，这些在事前无法确定；但通过长期的观察和经验的积累，会发现偶然事件必然遵循一定的统计规律，发生有其内在必然性，与企业文化、规章制度等有着密不可分的关系。

风险会造成直接或间接的损失，也是客观存在的，不以人的意志为转移，可以控制、削弱，但不能消灭。为了有效控制企业绩效考核中的风险，必须实施科学合理的风险管理。

企业不要孤注一掷地把鸡蛋都放在一个篮子里，要做到风险有效预测，并做好应对举措，这是一种非常好的思维方式。

7.2　业绩完成风险盘点

完整的绩效管理除了绩效考核内容、绩效周期、考核流程等内容之外，还包括考核结果应用以及绩效沟通等工作。因此，在进行人力资源绩效管理盘点时，应涉及以下五个风险要素：

1. 绩效管理参与者是否责任明确

绩效管理是常规的人力资源管理工作。在整个绩效管理过程中，人力资源部则扮演三个角色：绩效制度的制定者、方法操作的培训者和考核工作的组织者。在平时的绩效管理工作中，公司高层的支持、各部门负责人的配合、员工的努力都有所体现：

一是公司高层。绩效管理的成功与公司高层的支持程度密切相关。公司高层是绩效管理体系的推动者和绩效管理政策最终的决策者。

二是各部门负责人。他们是绩效管理制度的执行者和部门团队绩效提升的责任人，因为受专业所限，绩效管理的目标能否达到往往不是人力资源部单方面努力能够实现的，各部门负责人需要在绩效计划制订时做到绩效任务有效分解，没有遗漏并避免重复。

三是每一位员工。在绩效目标的实现过程中，对员工要给予工作辅导，及时解决问题；以及在绩效考核时不忽视绩效反馈和沟通，帮助员工改进，全程都需要部门负责人的充分参与，忽视哪个环节的工作，绩效管理工作都是不完整的。而员工是个人绩效提升的责任人和组织绩效提升的载体。

2. 绩效考核指标是否可操作

绩效考核内容的主体部分是绩效考核指标，除了起到导向性作用，指标还犹如“尚方宝剑”，保证奖罚分明。绩效指标大致分为五类：

- 企业关键绩效指标：考核企业经营目标额实现情况，该类指标直接体现企业发展战略要求，与企业年终效益奖金的总额挂钩，关乎企业每名成员的收益。
- 部门关键绩效指标：考核部门的主要业绩结果，考核结果与本部门所有成员年终奖金挂钩。
- 岗位关键绩效指标：考核岗位的关键绩效，岗位考核结果类指标；还考核过程类指标，目的在于引导员工注意自身的工作方法的改进和工作效率的提高。
- 工作计划考核指标：考核岗位工作计划目标完成情况，适用职能管理岗位员工。
- 能力态度考核指标：考核员工在工作中表现出的工作能力和工作态度，传达企业对员工工作能力和态度的期望，对员工行为改进起到指导作用。

绩效考核既有一定的周期性，也需要动态调整，尤其是在企业战略目标发生调整时，相应的考核指标也随之调整，保证指标的导向性作用，所以一般以年为周期进行指标调整。怎样调整，需要公司高层从企业发展战略调整方面给予指标选取和目标值的指导性意见，同时需要部门负责人从执行层就具体指标的可操作性提出意见。

3. 绩效管理周期是否合适

考核周期需要在综合权衡企业的业务特点、发展阶段和管理成本等基础上进行选择，如业务周期较长的企业考核周期也较长，发展步入正轨后考核周期可以适当延长，为减少管理成本也可以延长考核周期，相应的薪酬发放周期也随之调整。绩效考核周期的选择需要能够及时发现并解决问题，保证事态在可控范围内，避免周期过长，酿成不可挽回的后果。

4. 考核结果应用是否落到实处

绩效考核结果主要应用于薪酬发放、培训计划制订以及员工职业发展等方面。

绩效管理盘点需要与薪酬管理盘点相联系，主要表现在薪酬发放的依据上，绩效考核结果应该是浮动薪酬，如奖金发放的主要依据，这样才能保证浮动薪酬的公正性和激励性。

在培训计划制订方面，绩效考核结果，包括业绩考核结果和能力态度考核结果可以作为员工制定业务技能培训和工作能力培训的依据，由来自实际工作效果的培训需求来制订培训计划，能够保证培训计划的针对性。

在员工职业发展方面，不仅绩效考核结果，还包括上下级的绩效反馈沟通，都可以作为员工制订甚至调整职业发展计划的依据，员工或者可以通过培训等努力弥补能力不足，或者根据个人特质和发展潜力，调整职业发展计划，在企业中找到适合自己的位置。考核结果是否与薪酬发放挂钩，是否成为培训计划和员工职业发展的依据，可以通过对广大员工的意见调查获得。

5. 绩效沟通是否被忽视

绩效考核和绩效管理的重要区别就在于，绩效管理借助绩效沟通成为闭环，达到持续改进的目的，绩效沟通贯穿整个绩效管理过程。

但在实际工作中，不乏上级草草布置绩效任务，平时工作繁忙，无暇顾及工作辅导，考核结束，只告诉员工结果，绩效反馈环节缺失；员工对考核结果不服、有情绪，但认为沟通对改变考核结果无济于事，故不与上级进行沟通等现象，让绩效管理持续改进的本意大打折扣，导致很多企业还是停留在绩效考核阶段，甚至是为考核而考核，更谈不上改进和提高。加强绩效沟通工作将是人力资源部下一年度的工作重点，关于绩效沟通可以通过对部门负责人和广大员工的意见调查获得。

7.3　哪些关键人物最靠谱?

1. 高层管理者高度重视

绩效管理的导入是企业的一项大的组织变革，一方面绩效管理的引入涉及利益分配的问题，由于变革的诸多不确定性，大家对未来的预期不明确，绩效管理的推行将会受到来自各级管理者和员工的强大阻力，绩效管理工作的负责部门也会被推到风口浪尖上。另一方面，绩效管理会触及企业管理的方方面面，包括绩效管理的计划、辅导、评估、反馈、激励等各环节管理工作，都需要从不同部门收集大量的企业工作绩效数据。

所以，如果高层管理者没有高度重视，没有给予该项变革工作的大力支持，绩效管理负责部门的工作开展将面临很多困难，其他部门管理者和员工的配合程度也将大打折扣，绩效管理工作的导入就很有可能会停滞不前或是流于形式。

2. 直线管理者责任到位

除高层管理者的高度重视和支持外，强化直线经理的绩效责任意识也至关重要。绩效管理工作不仅仅是人力资源管理部门的事情，而是一个自上而下目标分解、不断指导沟通和交流的过程。

一般来说，在绩效管理中，人力资源管理部门的角色定位应该是整个企业绩效管理游戏规则的制定者、宣传者、培训者、推广者和实施监督者，而直线管理者的角色定位是绩效管理方案的细化者、实施者和反馈者，即根据不同部门的特色，细化绩效考核方案。若脱离直线管理者的具体工作，绩效管理工作将会变成“无源之水，无本之木”。

7.4 业绩实现支撑数据在哪?

绩效考核难以进行数据收集、难以量化时，我们该怎么做?首先，我们推行的考核指标必须先要能量化，量化以数据来说话，那么这就直接保证了考核的真实性与有效性。其次，考核数据来源，本身部门直接提供的也就不多，更多的是关联人关联单位印证后形成的数据。最后，数据的收集贵在平时积累而非想要就要，到了考核周期才想到数据没有赶紧去捕捉，就算是齐天大圣也是没有办法的。

那么，公司绩效数据是怎么收集的，有什么好的办法可以解决日常数据收集难的问题?这其实是很简单的事，绩效数据统一的归结部门是人力资源部，日常数据的收集就在日常的流程表单里完成，所以要归根还是在于企业内部的制度流程是否完善，是否能很好地支撑企业的考核。这里我们推荐一种能够解决这个问题的方法：关键事件法。

关键事件法是一种非常专业的绩效考核方法，它是由上级主管记录员工在平时工作中的关键事件，通常是半年或一年之后，利用积累起来的记录对被考评者的绩效做出判断和评价的方法。关键事件是指那些会对公司部门或个人的整体工作绩效产生积极或消极影响的重大事件行为及其结果。关键事件法在员工绩效管理中的作用主要体现在：

1. 提供绩效考评的事实依据

在绩效实施与辅导阶段，对员工在工作中表现出来的关键事件进行记录，是为了在绩效考评中有充足的事实依据。管理者将一个员工的绩效判断为“优秀”“良好”或者“差”，需要一些证据做支持，即管理者依据什么标准将员工的绩效评判为“优秀”“良好”或者“差”，这绝对不能凭感觉，而是要用数据说话的。这些关键事件除了可以用在对员工的绩效进行考评以外，还可以用作晋升、加薪等人事决策的依据。

2. 提供绩效改善的事实依据

绩效管理的目的之一是改善和提升员工的绩效和工作能力。在绩效改进阶段，当管理者对员工说“你在这方面做得不够好”或“你在这方面还可以做得更好一些”时，需要结合具体的事实向员工说明其目前的差距及需要如何改进和提高，如主管人员认为一个员工在对待客户的方式上有待改进，他就可以举出该员工的一个具体事例来说明。“我们发现你对待客户非常热情主动，这是很好的。但是客户选择哪种方式的服务应该由他们自己做出选择，因为这是他们的权利。但我发现你在向客户介绍服务时，总是替客户做决策。比如，上次……我觉得这样做不太妥当，你看呢？”这样就会让员工清楚地看到自己存在的问题，有利于他们改善和提高绩效。

3. 提供优秀绩效的事实依据

不仅在指出员工有待改善的方面需要提供事实的依据，即便是在表扬员工时也需要就事论事（以事实为依据），而不是简单地说“你做得不错”。由此，不仅可以向员工传达“管理者对他们的每一件优秀事迹都是非常清楚”的信息，而且会促使员工今后更加卖力地工作，同时还可以帮助管理者发现优秀绩效背后的原因，然后再利用这些信息帮助其他员工提高绩效，使其他员工以优秀员工为基准，把工作做得更好。

在员工绩效管理的过程中，为了更好地发挥关键事件法的作用，在应用该方法时，要掌握并遵循以下要求：第一，所记录“事件”必须是关键事件，即属于典型的“好的”或“不好的”事件，判断是否属于关键事件，其主要依据在于事件后的特点与影响性质。所记录的关键事件必须是与被考评者的关键绩效指标有关的事件。第二，关键事件法一般不单独作为绩效考评的工具来使用，而是应和其他绩效考评方法结合使用，为其他考评方法提供事实依据。第三，记录的关键事件应当是员工的具体的行为，不能加入考评者的主观评价，要把事实与推测区分开来。第四，关键事件的记录要贯穿于整个工作期间，不能仅仅集中在工作最后的几个星期或几个月里。第五，关键事件法是基于行为的绩效考评技术，特别适用于那些不仅仅以结果来衡量工作绩效，而且还要注重一些重要行为表现的工作岗位。

7.5 关注好过程数据分析

绩效考核的分析属于人力资源工作中绩效管理的环节之一，是为绩效考核以及绩效反馈提供依据的方法之一。在做绩效考核时，适宜的方法是根据不同职能和不同岗位性质设置对应的绩效指标，并且在事后的绩效沟通中，也应用不同的沟通方式。因此，绩效考核后的有效性分析对于今后的绩效管理体系和方案的优化有非常重要的作用。一般对于绩效考核的分析涉及以下两点：

一是评分有效性分析。企业绩效考核一般是以部门为单位进行，最终每个部门的评分再进行综合比较或者排名。这时，对于绩效考核评分的有效性分析就尤其重要。因为，考评者可能会非理性高评或低评被评者，超过合理界限，如“包庇”和“恶意”。分析后，需要按照理性控制函数模型，找出极端评价者及其评价值，消除其非理性极端评价的偏差并予以反馈，从而保证公平性。或者，可通过数据的总体特征分析，帮助考评者根据考绩总分结果的总差距大小，适当调整差距列向量系数，重新计算，方便灵活地调整考绩总分布区间，使总差距最佳，以适应员工总体心理承受能力，同时又不影响其科学性和民主性。个人绩效与部门整体绩效的相关性可通过抽取某团体成员的评价差异判断，若异常很小，则有可能是串通合谋的结果；通过总平均评价差异大小反映考绩质量的低和高；检测每位考评者的考评质量，并通过考评质量系数，来适度调节考评权数，考评质量高，则适度增加考评权数，反之，则适度削弱其考评权数。

通过分析绩效评分的有效性，找出个人绩效中偏离部门总绩效的情况，从而确定维度设置的合理性或者规避评分过程中的偏差，保证考绩结果的公正性和精确性，有效克服在以后考绩工作中可能存在的形式主义。

二是考核方案有效性分析。分析考核内容的针对性，一般而言，每个企业会针对不同对象制定不一样的绩效考核方式和要求等具体内容，并且对于刚性指标和柔性指标也有区分。分析考核内容的有效性，是为了让指标的针对性更强，从而保证绩效考核的可操作性、衡量度和结果都是合理、合适的。例如，当被评人数超过 20 人时，应分层分组考评。分层是按领导成员排序、部门排序和非领导员工排序三层进行，每层都有自己特有的维度体系模板，分组应按照工作相关、信息对称、经常合作与沟通的原则确定具体分组人员。

分析考核权重分配的合理性，因为工作绩效具有“多维、多变、多因”特征，即组织从多方面要求员工工作行为绩效，绩效要随组织目标、外部环境和存在问题的变化而经常变化，绩效结果是由多种原因引起的。因此，必须根据单位的目标、环境和问题，柔性地确定当前的考绩维度和每个维度应分配的权重。由于员工们在不同维度上差距不同，在有些维度上可能差距很小，如“思想品质”，但在有些维度上可能差距很大，如“创新能力表现”。因此，也需要根据不同岗位的情况，对岗位本身分类并赋予权重。这些工作，需要在完成绩效考核并进行详细分析后，不断地在摸索中优化。

通过绩效分析的综合结果，能够有助于考评者根据员工的优秀维度和很差维度，有针对性地和员工反馈谈话，有利于发扬长处、克服不足、倾听不满申诉；抑或对某些极端评价者表现，质询其极端评价的理由，约束极端行为；也可根据自评结果差异，评价员工的自我认识能力；还能够反馈其考评质量系数，约束引导员工理性考评，从而促进员工心理成熟化和理性化。

7.6 以结果为衡量准则

绩效管理成功与否，很大程度上取决于如何运用绩效考核结果。一般来讲，绩效考核结果应该与薪酬、晋升、人才培训、改善工作等挂钩，才能充分调动员工的积极性。而绩效结果的运用反过来也能促进管理者对绩效考核的重视，认真对待绩效考核的各个流程。绩效考核作为有效的管理工作，是过程而不是目的，最终要将结果予以应用，要与人力资源管理决策挂钩。

1. 绩效考核是引导员工行为的有效办法

我们可以理解：考核是一个指挥棒，有什么样的考核项目，就会有什么样的员工行为。反过来讲，你要想改变员工的行为，就要改变考核的项目。考核是引导员工行为的有效办法，你要想使员工的行为趋向于组织目标，那就要设计一套有助于引导员工行为朝向组织目标的考核项目。作为一个企业的员工和任何一个管理者，都要时刻明白两个问题：第一，组织的目标是什么；第二，为实现这个目标他应该做什么。

2. 帮助主管建立员工之间的绩效伙伴关系

所谓绩效伙伴关系，就是用考核建立一种连带负责关系。传统的考核是单向的，管理者好像高高在上的法官，在指责和挑剔员工的毛病，而现代绩效考核强调的是双向的，也就是强调主管要和员工之间建立绩效伙伴关系。员工的绩效直接与主管相关联，主管就会帮助员工去提高能力，改进工作。

3. 提供员工绩效改善的建议

一个员工的绩效下降，有两个方面的原因：一是属于能力问题，这种员工我们把他们叫作“无能型”，不是他不愿意干，而是他干不了。解决这种问题的办法，可以通过改善知识、改善技能和改善员工的经验，来达到改善能力的目的，从而得到他改善绩效这样的一个效果。二是态度问题，不是员工的能力不够，而是态度不好，不是不能干而是他不想干，那么影响一个员工态度的要素和影响一个员工能力的要素是不同的，影响一个员工的能力主要是他的知识技能，但影响一个员工的态度，是他的价值观、他的认知和他的情感。所以，我们就需要分析，千万不能对态度问题采用解决能力的办法。

4. 可以作为招募和甄选有效性的一个依据

企业会有很多招聘活动，会不断地有新人来应聘，那么招来这些人，到底合算不合算？我们举一个简单的例子：这个部门就是张三和李四两个人，张三一年的总收入是21万元，他一年能为企业创造200万元的利润。李四一年的总收入是14万元，他一年可以为企业创造150万元的利润。这两个人如果只能留一个，你会选择谁呢？从单位工资所创造的利润来看，用李四要比张三更合算，只要用1.33个李四花18.2万元就能创造200万元的利润。有了这个计算结果，对张三就有两个选择，要不将工资降到18万元，要不令其将创造的利润提高到220万元。简单来讲，这两个数据在企业中随时可以拿到，一个是已支付他的报酬，另一个是他已创造的效益，通过这两个数据一比，你就可以得到结论。如果你要是看绝对值，那张三比李四好，如果你要看相对值，李四就比张三好，有了这样的比较结果，就可以帮你做出选择，到底留张三还是留李四。

5. 可以作为培训开发有效性的判断依据

现在的企业越来越重视培训，也越来越在培训上下功夫，很多著名的企业都有这种培训理念。松下幸之助曾说，培训很贵，但不培训更贵。意思就是说，表面上看培训是花了很多钱，但是如果你不培训，所支付的成本可能会更大。企业重视培训，是一个大的趋势，而且这对企业竞争优势的提高具有非常好的战略意义。当然，培训也不一定是越多越好，因为它是一把双刃剑，盲目地做很多培训，对员工的能力没有什么效率，对于企业的发展也没什么效率。也就是说，通过考核，找到员工现有的能力表现，和我们所要求的能力表现之间的差距，差什么补什么，知识不足的补知识，能力不足的去提高他的能力，经验不足的去积累经验。而不能盲目地认为只要多读书，取得学历就一定会提高企业竞争力。

7.7 不靠谱的人该怎么办?

对不良绩效进行及时纠正，是管理者很重要的领导职责。对不良绩效表现置之不理或拖延纠正行为，对团队、管理者和个人都会产生危害作用。

1. 面对不良绩效表现，管理者要有采取强制行动的管理勇气

在一个团队中，任何一个人的不良工作结果和低质量的工作，都可能成为决定团队整体表现的短板，而消极的行为和不良的工作态度则如同瘟疫，不加以纠正，很快就能形成风气，那么在组织中一系列标准和规范就慢慢遭到侵蚀。例如，你纵容了一个人的习惯性迟到，很快你就面临着整个团队出勤率都呈下降趋势的压力。作为团队领导，你若总是避免承担采取纠正行为的责任，不检查不良绩效、不控制不良行为，就会打击那些总是符合标准的员工，你作为一个领导的信誉会受到影响，你会逐渐失去团队成员的尊重。

对员工来说，他的工作成果和工作质量长久地达不到标准，会影响到他对自己是否胜任这份工作的信心产生怀疑，而长期地不遵守规范，也会破坏他与其他人的关系，他的信誉会遭到质疑，如果问题持续的时间太长，信誉将很难恢复。作为团队领导，必须认识到“问题不归零，发展等于零”，养成“日事日清”的工作习惯，才能造就一流的企业和一流的工作团队。

2. 明确处理不良绩效的目的

处理行为并不意味着惩罚员工，核心目的是提醒员工尽快回到正轨，以使绩效得到改善。一个人可以拒绝任何东西，但他拒绝不了你的真诚。基于正确的处理目的，展开坦诚的对话，你的纠正行为就不会引起负面的反弹，反而会获得员工的积极配合，甚至会激发他们达到很高的绩效。

3. 设计有效的纠正行为实施程序

要想使纠正行动产生积极的效果，事前通过案头工作对程序进行一定规划设计是必要的。一次有效的纠正行为，应满足以下几个条件：

- 管理者有清晰的“管理数据”的记录。例如，你想纠正一个员工的经常迟到行为，面谈时，使用类似“王敏，你这个星期已经迟到两次了，周一迟到了15分钟，周二迟到了20分钟，你能说明一下导致你迟到的原因吗”这样的语言，明显比“王敏，你近期老是迟到，是怎么回事？”有力得多。在客观实际的数据记录前，可有效引导双方把关注点放到情景、事件或行为上，而不是针对个人，“对事不对人”是进行坦诚对话的基础。

- 思考有无必要采取一次纠正行动？金无赤金，人无完人，眼睛揉不得一点沙子的管理者，往往就会对员工的言行吹毛求疵，对下列三个问题的回答，可使管理者有效避免掉入“吹毛求疵”的陷阱中。

第一个问题：“员工现有绩效与双方协商好的期望绩效之间的差距是什么？”

第二个问题：“员工现有绩效的负面影响大吗？这个负面影响大到你必须采取纠正行为吗？”

第三个问题：“有无员工不可控的因素造成了他的绩效问题，”

- 做一份实施面谈的行动计划，并做好相应准备。计划中除注明举行面谈的时间和地点、会谈的议题和议程外，还要从自身的经验出发来预测：防碍纠正行动成功的障碍将会有哪些？并制定出克服这些障碍的办法。
- 实施纠正面谈中的注意事项。

一是在整个讨论的过程中，要坚持一个基本原则：对事不对人。管理者应使用描述性的语言来阐述事实，避免使用可能导致强烈反抗情绪的词汇，不要猜测动机、意识和潜意识，不要试图解读别人的心思。

二是采取积极的态度，让下属能与你在互动时作出反应。询问员工对当前现状的意见、他对自己纠正现状的想法，以使员工认清问题，并积极担负起解决问题的责任。

第八章

绩效管控
——绩效质询会议与绩效跟踪

绩效考核是从上到下层层分解、落实公司目标的手段，也是营造、强化公司核心价值观的载体。绩效考核关注过程或是关注结果，考核的内容各有侧重，适用的情况也不一样，体现两种完全不同的企业文化。

8.1 结果重要还是过程重要?

关注过程的绩效考核注重员工的工作态度和能力，评估内容主要集中在员工工作过程中的行为、努力程度和工作态度上。它营造的是一种比较感性、和谐的文化氛围。在完善的考评体系下，员工依照公司的期望和要求付出努力，就应该出现与公司期望相近的结果。否则，管理者就要重新审视考核标准，以及员工的素质和能力，从而采取相应的措施。关注过程的绩效考核多为考评工具较科学、企业文化更倾向于“以人为本”的公司所采用，它也较多地用于新员工的短期绩效考核。

关注结果的绩效考核注重工作的最终业绩，以工作结果为导向，评估内容主要集中在工作的实际产出上。它营造的是一种比较理性、任务导向的文化氛围。这种情况下，由于过于看重最终的结果，可能忽略了过程，导致过于注重短期利益，而忽视了核心能力的培养和发展。所以，许多组织在采取关注结果的绩效考核时，往往辅以针对工作态度的人事考核。当公司面临较大的生存压力时，会倾向于采用这种考核方式。

公司具体绩效考核中是更关注过程，还是更关注结果，应该从公司所要营造、强化的核心价值观和公司的具体情况而定。只要是更有利于核心价值观的营造和传递，更有利于促进战略目标的达成，就是合适的绩效考核方式。

8.2 绩效过程管控的三阶段方法

为了确保全员绩效管理工作在各层面真正发挥应有的作用，公司还加强了全员绩效考核的过程管控，促进绩效考核由注重“事后总结”向“事前计划、事中监控、事后总结”的全过程管控模式转变。

1. 加强绩效计划管理

企业年初开展“双定（定指标、定任务）”工作，各级单位、部门层层分解考核目标和重点工作任务，编制年度绩效计划，通过《任务计划书》，细化、量化工作目标，明确工作步骤及时间安排等内容，将工作任务落实到每位员工，实现了“考核目标层层分解、考核责任层层落实”。

2. 建立“绩效看板”制度

按照“全面覆盖、突出警示、强化督导、预控风险”的原则，按月将绩效指标完成情况进行分析排序，并在各单位、部门、班组公布，强化过程监控和沟通辅导，激励先进，督导后进，提高全员量化考核意识，确保公司年度工作目标任务的全面完成。

3. 实行“绩效经理人”制度

公司在各级管理机关和一线员工中推行绩效经理人制度，充分发挥各级管理者在绩效管理工作中的作用；绩效经理人由被考核部门和单位的主要负责人担任，负责与员工确定绩效目标、签订绩效合约、实施绩效评价、进行沟通反馈、制订改进工作计划等。

8.3 绩效会议沟通的“3+1”模式

绩效沟通是绩效管理的灵魂与核心，是绩效管理过程中耗时最长、最关键、最能促进工作开展的环节，其贯穿于绩效管理的全过程。说到底就是上下级间的绩效目标的设定及实现而进行的持续不断双向沟通的一个过程，在这一过程中，管理者与被管理者从绩效目标的设定开始，一直到最后的绩效考评，都必须保持持续不断的沟通，任何单方面决定都将影响绩效管理的有效开展，降低绩效管理体系效用的发挥。因此，开好绩效沟通会，对公司绩效考核是有着非常重要的意义。

下面，我们按照“3+1 模式”，即三个阶段 + 一个目标，向各位详细讲解如何开好绩效沟通会。

1. 绩效沟通会议前期准备阶段

除在沟通过程中对部门绩效做出有效反馈外，在绩效沟通前，公司领导和部门负责人的准备也是至关重要的，它将直接影响着绩效反馈的效果。

➢ **公司领导的准备**

公司领导召开碰头会议，做以下工作：

第一，确定绩效沟通会的时间和场地；

第二，熟悉各部门的工作内容及绩效表现；

第三，准备应对面谈中可能出现的问题；

第四，计划好沟通的内容、程序和进度。

➢ **各部门准备**

人力资源部通知各部门本月召开绩效沟通会议需要沟通讨论的内容、步骤和时间。各部门负责人要准备以下工作：

第一，准备表明部门绩效的相关资料或证据。

第二，调整好自己的心态，正视自己的优点缺点。

第三，准备好向分管领导提出问题，解决部门工作中的疑惑和障碍。

第四，准备好部门下一步绩效计划，安排好部门的相关工作。

准备阶段注意事项：

第一，通知各部门沟通讨论的内容、步骤和时间；

第二，营造一个和谐轻松的气氛；

第三，准备沟通的内容和资料。

2. 绩效沟通会的实施阶段

绩效沟通会议的过程中最重要的阶段就是实施，这直接关系着绩效沟通会议的效果。一般来说，绩效沟通会议实施可以分为六个阶段，即开场白、部门自评、公司领导评价、讨论绩效表现、制订改进计划和确认考评结果。

➢ **开场**

人力资源部通报上月度部门考核结果，并通过部门横向对比以及以前考核情况的纵向对比，发现亮点及改进明显之处，并找出不足及存在的问题。

注意事项：预先安排，在整个沟通过程中需要不断分析调整沟通的氛围。需要创造和寻求舒适的、开放的气氛，保障自由轻松的交流。

➢ **部门自评**

各部门简要汇报考评周期内的工作完成情况，并对本部门考评的分数和依据进行说明。

注意事项：上级要注意倾听，对不清楚之处及时发问，但不做任何评价。

➢ **公司领导评价**

各分管领导对分管部门业绩进行评价：指出成绩和不足。

注意事项：

第一，根据事先设定的目标衡量标准进行评价；

第二，成绩和不足方面要呈现事实依据；

第三，先说成绩再说不足。

➢ **讨论绩效表现**

鼓励部门充分发言，对有关部门提出的书面申诉进行讨论分析，判别申诉是否客观合理，从根本上找出问题原因之所在，解决问题。

注意事项：

第一，从有共识的地方开始谈起，注意不要形成对峙的局面；

第二，关注绩效标准及相关绩效事实；

第三，着重探讨解决问题的方式方法。

➢ **制订改进计划**

鼓励部门充分发言，就上月度各部门绩效考核结果中出现的不足及问题进行讨论，找出问题缘由，提出下月绩效改进计划。

注意事项：

第一，避免激烈争论，从实际情况和原因出发，与部门共同探讨解决问题之道；

第二，关注绩效改进计划的可行性。

➢ **确认考评结果**

由公司总经理总结此次绩效沟通会议结果，对各部门下步绩效计划提出意见和建议，并安排各部门下一步的工作重点。人力资源部整理沟通记录并备案。

注意事项：给予部门肯定和鼓励，并表达谢意。

3. 绩效沟通会的结果落实阶段

在绩效评估结束后，考评结果已不仅限于员工薪酬和晋升的标准，而是将员工的绩效提高作为绩效考核的最终目标。因此，在绩效沟通会议结束后，要时刻跟踪绩效沟通的效果。如果没有收到理想的结果，应当从沟通的结构、顺序、内容进行反思，并将结果运用到今后的绩效沟通中，作为改进绩效沟通的依据。

绩效沟通会议落实工作主要是三个方面的工作：

一是要将绩效沟通会议的会议纪要和最终考评结果进行公开晾晒。

二是要将考核结果与分配挂钩。首先与当期的奖金分配挂钩，持续地表现优秀或表现较差还应与职位调整、薪酬升降挂钩。

三是要跟踪各部门制订改进计划，并将其纳入下一期绩效计划。

4. 一个目标：即有计划、有步骤、有目的地实行高质量的绩效管理与绩效考核

通过三阶段法召开绩效沟通会，能够使管理者很好地承担绩效管理的责任，扮演绩效管理者的角色，把帮助员工提高绩效能力的责任落到实处。实际上，这是一个双方受益的双赢局面，在这个过程中，管理者和员工都在不同程度上获得了提高。更重要的是，绩效管理的不断循环，必将带来组织绩效的持续提升、带来管理的不断进步。

8.4 以解决问题为目的

绩效会议是企业经营活动中的一项重要会议，既是企业月度、

季度或年度工作完成情况的总结，又是组织绩效、个人绩效沟通、改进提升的过程，也是绩效管理工作新一阶段工作的开始。绩效会议的初衷，就是解决绩效管理实施过程中遇到或可能遇到的问题，并形成预案或有效解决。那么，绩效管理过程中可能出现哪些问题呢？

一是绩效考核管理泛化，公司一切事务都纳入绩效管理，导致参与绩效考核的内容过多，冲淡了关键绩效指标。考核管理实际是期望通过考核这种活动，不断激励员工向公司需要的方向努力。但是公司里的事务有的可以通过正强化来引导，员工只要做好就给予奖励，但是有的只能是采取负强化甚至惩罚的方式来禁止这种行为出现，把所有行为都纳入考核不利于突出重点。

二是片面追求定量化，出现“捡了芝麻，丢了西瓜”的现象。公司在执行考核方案的过程中，为了避免主观因素对考核结果的影响，力求使用客观性指标考核员工，但是忽略了指标的重要性和关键性，考核指标只覆盖了员工的部分非关键工作，关键工作却被忽略了。指标设置失衡的直接后果就是引导员工做好了非关键工作，但对于关键工作却缺乏考核，员工因给予关注不够而不能很好地完成。

三是公司经营计划和考核脱节，绩效考核指挥棒不能引导员工行为向公司要求的方向努力。在考核方案执行的过程中，客户只是执行了方案规定的程序，但是对于方案中的考核指标却没有根据实际情况采用，考核指标依然是公司以前的考核指标，带来的结果就是考核指标的内容和公司经营计划内容脱节，不能反映公司业绩的变化，也不能反映公司组织结构变化带来的职责变化。

四是公司计划编制不合理，经营目标频繁变动导致考核目标频繁变动。公司计划是绩效考核的基础，没有计划就没有考核。公司在编制计划阶段对外部环境认识不清，对内部自身的能力也认识不清，编制计划方法又不当，忽略了一些关键经营管理活动。在计划执行的过程中，随着各项业务的开展，原来没有预料到的事件浮现出来，公司经营计划被迫修改，从而导致原来设定的考核目标的变更。频繁的指标变更削弱了员工对考核严肃性的信心，员工不是考虑如何实现考核指标，而是更多地考虑如何更改考核指标，考核因此而失效。

五是绩效考核指标设计没有根据公司科层结构、员工岗位职责要求来设计，不同层面的考核指标串位。公司是一个有着严格上下级的科层结构的组织，不同层次的员工承担的责任不同，相应的考核指标也应该不同。国有企业一般喜欢搞安全指标一票否决制，出现问题人人都要承担责任，即使业绩再好也无济于事。民营企业喜欢让每一个人都承担利润指标，忽略了不同员工对利润的贡献度不同，有的员工甚至除自己的工资奖金外，基本不会对利润产生任何影响。

六是考核者对绩效考核这一工具理解不透，认为考核只是人力资源部的事，自己是完成人力资源部布置的任务，对考核工作敷衍了事，执行过程中机械执行。考核初期，考核者没有重视考核指标的设置，没有根据公司给本部门下达的经营任务并结合本人对任务的理解给下属设定考核指标，指标值设定也很轻率，缺乏和下属的有效沟通，管理者只起到了“传声筒”的作用。

七是对考核结果的认知有偏差，没有理解员工业绩和组织业绩之间的差别，片面追求考核结果的一致性。一般情况下，员工绩效好，组织的绩效必然好，员工绩效差，组织的绩效必然差，不过这种认知存在一定的误差。主要原因在于不同员工对组织绩效的作用不同，有的作用大，有的作用小，由于这种个体差异的存在，导致组织绩效好坏并不必然和员工绩效好坏有联系。

8.5　问题跟踪有手腕

在实施绩效考核的过程中，不但要实时跟踪和把控整个绩效管理和考核过程，随时应对和解决各种问题，更重要的是要保持绩效考核的初衷和原则不动摇。

一是避免绩效评估流于形式。尽管员工在个人绩效上可能存在很大差别，但企业进行绩效评估时，很多主管仍倾向于选择“好”和“非常好”两项来定位所有员工的实际表现。造成绩效评估分数泛滥和盲目拔高的原因有三个方面：一是企业未对员工表现的优劣加以清晰界定；二是企业未在如何衡量和汇报绩效结果方面对员工加以适当的培训；三是企业把绩效评估当成奖励员工的一种方式而做出错误的评价。对此，作为人力资源工作者，首先要审查企业的绩效考核过程是否适合员工的发展目标，从而进一步判断它是否与企业的使命一致；其次要保证绩效评估过程的公平性、准确性，明确界定“好”“很好”和“期望的”等具有评定性质的词语在绩效考核中的确切含义；评估表格需由高于评估者层级的上级领导进一步审阅；对于高于期望和低于期望的绩效表现，要有充分的依据和书面资料加以佐证。只有这样，经过考核得出的员工绩效排名才能经得起反复推敲。

二是注意评估标准的合理性。绩效评估标准是对员工绩效“数量”和“质量”进行监测的准则。企业在进行绩效评估时，要充分考虑评估标准的合理性。一是考核标准要全面。要保证重要的评价指标没有遗漏，各种考核标准相互补充，扬长避短，共同构成一个完整的考核体系。二是标准之间要协调。不同标准之间要衔接一致，不能相互冲突、自相矛盾。三是关键标准要连贯。特别是关键绩效指标，如效益类指标、营运类指标、组织类指标等，应有一定的连贯性，否则可能导致员工奋斗目标的困惑。四是考核标准要尽可能量化，不能量化的要细化。科学合理的量度方法能提升绩效评估的公正性和可行性。绩效量度笼统，方法不明确，员工完全有理由认为考核结果是由考核者主观臆断做出的判定，从而产生不满和抵抗情绪。五是要根据团体工作目标而非个人目标来制定考核标准，同时，针对不同层次、不同年龄段员工的特点加以综合考量，制定出科学、有效的考核标准。

三是注意负面情绪，提高员工满意度。绩效考核的作用在于“激励”，一种受到绝大多数员工抵触或敷衍的考核方法是无法起到激励作用的。因此，企业在实施绩效考核时，应尽力了解和掌握员工对评估制度的意见和建议。有些员工对绩效考核抱有抵触情绪，认为企业进行绩效考核无非是“为了扣工资”。当企业发现员工对绩效评估制度存在认识误区或心存不满时，应尽快查清原因，然后通过正确的途径为其疏解，譬如设立“绩效考核怨诉程序”，为员工开辟畅通的“申诉渠道”，使那些对考核结果不满的员工有机会、有途径向企业绩效考核小组表达自己的疑惑和不满。这样，不仅使员工有阐述意见的“出口”，亦可使管理人员积极面对工作、解决问题，逐步培养员工对企业的向心力，使员工个人目标与企业的整体目标协调一致。

第九章

绩效沟通反馈
——如何实施因人而异的高效情景沟通

建立良好的绩效沟通和反馈机制，是企业实现 PDCA 良性循环的基础。如何通过高效和有效的沟通，抓住绩效问题的关键，这是绩效领导能力的核心体现。

9.1 绩效沟通“筛子理论”

“筛子理论”是由搜维尔网站的推广者陈智虹提出的，他认为对于中小型网站，在无法对浏览者的身份进行特定筛选的情况下就不要一味地追求到访者的专业性，应该以扩大流量为主，利用人们感兴趣的话题、事件等来吸引流量，不应该单纯地从网站的专业角度去度量用户，需要知道用户的上网行为并不单一，可能和推广网站的内容产生交集，就像筛子筛金子一样，只有筛够足量的金沙，才能留下金子。

同理，绩效沟通也是一样。在员工能力、素质、个性不一的情况下，如何进行绩效的管理和沟通，除按照统一的标准评价和衡量外，还需要“对症下药”，依据不同岗位、不同能力、不同类型的员工进行精细化的沟通及管理，这就用到了“筛子理论”。

怎么“筛”呢？根据笔者以往的管理经验，有一种既适用于公司整体情况，又能被大多数员工普遍接受的方法：“抓两头”。即将最优秀的一批员工立为标杆，将表现最差的员工进行针对性辅导、考核或优化。这样，不但让优秀员工得到应有的表彰，也能激发大多数普通员工的工作热情，找到明确的进步方向，同时还能过滤掉一些在各方面综合条件都不符合要求的员工作为警示，可谓一举多得。

9.2 绩效沟通做什么？

1. 事前：目标确定沟通

为了确保员工在业绩形成过程中实现有效的自我控制，在确定绩效目标时，必须与员工就考核的内容和标准进行沟通，使员工了解三个问题：这一阶段我的目标是什么？目标应该采取什么样的措施和手段完成？完成目标需要什么样的支持？

通过这一阶段的沟通，可以防止主管硬派任务，员工被动接受的情况，员工对自己确定的目标的认可度就会大大提升。通过沟通，让员工能够感受到主管的全力支持，他就会对完成目标充满信心，而斗志昂扬地投入工作。

2. 事中：实施过程沟通

此次沟通是在考核过程中就绩效执行的关键控制点、过程中员工出现的问题及员工行为出现偏差的纠正等所采取的正式或非正式的沟通方式。

有效执行的关键控制点沟通主要是通过对先前绩效实施措施的说明，主管会对员工的目标完成实施手段有一定的了解。在关键环节控制点上，主管就需要适时地监督沟通，看员工完成的结果怎样、进度如何。

这次沟通主要是考虑员工在执行任务的过程中遇到的难题，出现新的问题困扰而导致工作停滞不前，这时主管应该及时出现，在他们需要支持的时候帮助他们排忧解难，让他们感觉到主管能与他们同甘共苦，这样员工就会相信主管是他的坚强后盾，心存感激，更积极地投入工作。

员工行为偏差纠正沟通是要主管对员工在执行任务的过程中所采取的手段进行监督，防止员工为达目的不择手段而采取有损企业长远利益的行为，而对于员工好的行为和进步应进行及时的赞扬。

3. 事后：绩效反馈 / 改进沟通

本阶段的沟通是在绩效评估结果出来后就本次评估所得的结果、员工目标完成情况、没有完成原因分析以及下阶段改进计划交流所进行的沟通。

评估结果的沟通，要求主管把本次评估的结果向员工说明，同时把打分的结果、依据和相关证明资料向员工展示，让员工感到主管的评估是有理有据的。同时，主管要听取员工对本次目标自评的结果和相应的依据。这样双方对照，并根据实际情况对评估结果进行适当的修正，这样的评估结果就会更有说服力。

主管在绩效改进过程中要进行适时的跟进督导，主要是检查工作是否按原计划开展，纠正不当的措施，让员工及时发现自己的不足并改进，以便创造性地提高。

9.3 绩效反馈究竟和谁谈？

做完绩效评价后，就要进行绩效反馈面谈了，实际操作中，受绩效管理水平和面谈者的专业度影响，各企业可能各有各的做法，有的随意、有的细致，有的业务部门自己做面谈，而有的由HR代劳……那么，企业如何做好绩效反馈面谈？

绩效反馈面谈是绩效考核过程中很重要的环节，它涉及对被考核者绩效结果的最终确认、绩效考核收获、需改善细节、改善方法探讨、下一周期考核计划等，如果随意组织或进行，将难以收到反馈效果，较为理想的反馈应当由被考核者、其直接上级、HR部门绩效专员三者共同参与。

9.4 绩效反馈究竟在什么场合谈？

面谈地点，我们一般选择在会客室、接待室等环境典雅、气氛轻松的环境，同时也可以征询被考核者的意见选择其他地方，如公司运动场、公司绿化小花园等，总之，面谈地点不宜选在领导办公室、会议室等较正式或严肃的地方，以免被考核者紧张或拘束，不能正常表达自己的想法和思维，从而影响绩效反馈面谈的真实和全面。

9.5 绩效反馈究竟谈什么？

以表扬开头为好。反馈面谈主导人员待大家落座后，可为大家分别沏上茶或白开水，寒暄几句天气或花边小新闻后，就可以直接对被考核者表扬几句，肯定其本次考核中表现优良的地方，并告诫应当继续坚持下去，同时说明本次面谈的主题是共同找到某些方面差距的原因、解决办法并确定下步计划等，然后，话锋一转：请某某（被考核者直接上级）先做重要指示。

以找解决差距的办法为主。整个面谈 80% 左右的时间，应当用在共同找出解决被考核者业绩较差项目的办法，如提供哪些学习培训机会、主动学习或请教哪些内容、努力程度仍需加强、工作技巧需要注意、交流沟通要加强。共同认可的就找出办法来解决，以便后面实施。如果有分歧的就暂时放置，以后再议。

确定绩效考核结果。当然，对绩效考核结果的认可和签字是必须在反馈面谈中完成的，对考核存在的异议（包括计分方法、数据准确性等）进行交流，以事实和数据说话，力求达成一致，如果不能达成一致的，则面谈后请示绩效委裁决。

以制订下步改善计划为目的。绩效面谈输出的结果既有建议实施的解决办法，但更重要的是统一改善计划，确定下一个考核周期的考核方案、目标等。只有经过充分民主和沟通的考核方案，才容易让各方接受，才容易得到较好的实施，才容易实现既定的考核目标。

进行绩效面谈时，容易犯的错误有：选择了较为严肃的场所、面谈时间过短、不充分倾听被考核者意见、面谈语气不平等、直接上级主观确定某些考核目标、不站在被考核者角度找解决办法、关注绩效结果忽视工作过程、面谈结束后不将某些未决定信息及时再反馈等。

9.6 后续个人承诺纳入“征信记录”

说到绩效个人承诺，不得不提到 PBC。何谓 PBC？英文含义是 Personal Business Commitment。本意是个人业务承诺，为了便于理解，我们称之为个人绩效承诺或个人事业承诺。所以，从官方的名称上就可以看出，PBC 其实是紧密围绕“业务”来进行考核管理的一项工具。

PBC 的表现形式是通过一张表格来体现的，但它有自己的精神和内涵，它的内涵包括：结果、执行、团队，这三部分存在一定的严密逻辑关系；同时，PBC 本身就体现了公司价值观和企业文化，如强调团队合作；还有，就是它强调承诺和共同参与的重要性。

结果目标承诺：员工承诺的本人在考核期内所要达成的绩效结果目标，以支持部门或项目组总目标的实现。而“结果目标”是指在本季度主要有哪些结果输出，通过结果目标的制定，明确任职者究竟应该做什么、做到什么程度。

执行措施承诺：为达成绩效目标，员工与考核者对完成目标的方法及执行措施达成共识，并将执行措施作为考核的重要部分，以确保结果目标的最终达成。而“执行目标”是指针对结果目标，需要采取相应的措施、策略，以保证目标的达成，是对工作执行过程的规范。目的在于引导员工用正确的方式把事做正确。执行目标一定是与结果目标相对应的。

团队合作承诺：为保证团队整体绩效的达成，更加高效地推进关键措施的执行和结果目标的达成，员工须就交流、参与、理解和相互支持等方面进行承诺。

9.7 绩效反馈常用工具

绩效反馈工具很多，典型工具列举如下：

1.BEST 法则

BEST 法则又叫“刹车”原理，是指在管理者指出问题所在，并描述了问题所带来的后果之后，在征询员工的想法的时候，管理者就不要打断员工了，适时地“刹车”，然后，以聆听者的姿态，听取员工的想法，让员工充分发表自己的见解，发挥员工的积极性，鼓励员工自己寻求解决办法。最后，管理者再做点评总结即可。

所谓 BEST 反馈，是指在进行绩效面谈的时候按照以下步骤进行：

① Behavior deion（描述行为）;

② Express consequence（表达后果）;

③ Solicit input（征求意见）;

④ Talk about positive outcomes（着眼未来）。

例如：某公司市场部的小周经常在制作标书的时候犯一个错误，这时候，主管就可以用BEST法则对他的绩效进行反馈：

B：小周，8月6日，你制作的标书，报价又出现了错误，单价和总价不对应，这已经是你第二次在这个方面出错了。

E：你的工作失误，使销售员的工作非常被动，给客户留下了很不好的印象，这可能会影响到我们的中标及后面的客户关系。

S：小周，你怎么看待这个问题？准备采取什么措施改进？

小周：我准备……

T：很好，我同意你的改进意见，希望在以后的时间里，你能做到你说的那些措施。

2. 汉堡原理（Hamburger Approach）

所谓汉堡原理（Hamburger Approach），是指在进行绩效面谈的时候按照以下步骤进行：

① 先表扬特定的成就，给予真心的鼓励；

② 然后提出需要改进的“特定”行为表现；

③ 最后以肯定和支持结束。

汉堡原理的作用在于提醒管理者，绩效面谈的作用在于帮助员工改善绩效，而不是抓住员工的错误和不足不放，因此，表扬优点，指出不足，然后肯定和鼓励，才是最佳的面谈路线。

例如："小王，上一绩效周期内，你在培训计划编制、培训工作组织、培训档案管理……做得不错，不但按照考核标准完成了工作，而且还做了不少创新，如在 ×× 工作中提出了 ×× 建议，这些建议对我们公司的培训管理起到了很大的帮助作用，值得提倡……前面我们谈的是你工作中表现好的方面，这些成绩要继续发扬，另外，我在你的考核中也发现了一些需要改进的地方，如培训效果评估，这个工作一直是我们公司的难点，以前做得不好，在你的工作中也存在这个问题，如很多培训没有做效果评估，有的培训做了评估，但都停留在表面，这样就容易使培训流于形式，不利于员工素质的提升，我想听听你对这个问题的看法。"

"我是这么想的，培训效果评估……"

"嗯，不错，我同意你对这个问题的想法，那么我们把它列入你的改进计划，好吗？"……

9.8 考核结果如何让员工心服口服

绩效考核是企业为了实现生产经营目的，运用特定的标准和指标，采取科学的方法，对承担生产经营过程及结果的各级管理人员完成指定任务的工作实绩和由此带来的诸多效果做出价值判断的过程。其最终目的并不是单纯地进行利益分配，而是促进企业与员工的共同成长。通过考核发现问题、改进问题，找到差距进行提升，最后达到双赢。那么，如何使绩效考核的结果让员工心服口服呢?

1. 管理层参与绩效考核

公司在制定战略规划和目标发展时，往往都是各部门的高层一起根据市场、公司、竞争对手等方面因素有效沟通后制定，而中层及下至员工，都是在接到任务后，一级一级执行下去。当然，在这其中，与高层的号召、培训、要求、管理、实施等条件密不可分，所谓“领导是企业的火车头，企业和员工是火车车厢，领导跑向哪里，企业和员工就会冲向哪里”。所以，绩效考核的主要推动者不仅是HR，更是企业的高层及中层管理者。只有他们与公司老板保持一致，宣扬实施绩效的好处和目的，才能推动绩效工作的开展，因为领导的工作思想和意识会直接传递给员工，影响他们的行动，所以只有从根本上合情合理解决，才能执行绩效考评。

2. 人人都应有考核结果

员工对绩效考核的抵触，是他们最直接、最真实的反映。我们要让员工明白，公司做绩效考核的目的和意义。考核指标制定和实施对于普通正常员工来讲都能达到，只有那些工作积极性不高，不配合工作的员工才达不到，这样的优劣对比和奖金对比，也是为了鼓励优秀，鞭挞落后，同样是为了大家的分配均匀，为了能者上、弱者下。绩效指标是因岗设置的，有岗必有责任指标，有岗必有责任人，突出岗位责任，明确职责、权限、利益完全一致性原则，让绩效管理通过绩效考核指标落实到每一个岗位。

9.9 绩效沟通实战演练：不同情景的绩效沟通

绩效沟通是绩效管理的灵魂和核心，是整个绩效管理过程中耗时最长、最关键、最能产生效果的环节，它包括绩效目标沟通、绩效辅导沟通、绩效反馈沟通和绩效改进沟通。

绩效沟通要直接而具体，不能作泛泛地、抽象地、一般性地评价。对于主管来说，无论是赞扬还是批评，都应有具体、客观的结果或事实来支持，使员工明白哪些地方做得好，差距与缺点在哪里。这样就会既有说服力，又让员工明白主管对自己的关注。如果员工对绩效评估有不满或质疑的地方，向主管进行申辩或解释，也需要有具体客观的事实作基础。只有这样，信息传递双方交流的才是具体准确的事实，每一方所作出的选择对另一方才算是公平的，评估与反馈才是有效的。

绩效沟通是一种双向的沟通，为了获得对方的真实想法，主管应当鼓励员工多说话，充分表达自己的观点。因为思维习惯的定向性，主管似乎常常处于发话、下指令的角色，员工是在被动地接受；有时主管得到的信息不一定就是真实情况，下属在表达时，主管不应打断与压制；对员工好的建议应充分肯定，也要承认自己有待改进的地方，一同制定双方发展、改进的目标。

绩效反馈面谈中涉及的是工作绩效，是工作的一些事实表现，员工是怎么做的、采取了哪些行动与措施、效果如何，而不应讨论员工个人的性格。员工的优点与不足都是在工作完成中体现出来的。性格特点本身没有优劣好坏之分，不应作为评估绩效的依据，对于关键性的影响绩效的性格特征需要指出来，必须是出于真诚地关注员工与发展的考虑，且不应将它作为指责的焦点。

从心理学角度来看，面谈、沟通是需要一定的技巧的，如果在面谈之后，管理者有办法让员工本着自己就是公司老板的心态，全力以赴去认真工作、积极投入、主动严格把关的话，公司也就不再怕完不成产量，也就不再怕出现品质问题，也不用再怕员工不听话。可以说，如果有谁能让员工本着这种心态工作的话，那么他的企业就是拥有最强竞争力的，因为这是克敌制胜的“法宝”！

如何才能让绩效沟通起到良好的效果呢？需要注意运用以下技巧：

1. 倾听的技巧

在进行绩效面谈的时候，管理者通常会犯这样的错误：没有留给员工发表自己观点的机会，或者根本就没有听进去员工的言论，仅是关注怎样能够发挥自己“高谈阔论”的特长，说服员工努力工作，置员工的不满情绪于不顾等；如员工想表达的意思是“有的员工是需要管理的”，而管理者却听成了“必须不时地对某些员工进行批评教育”，对沟通信息完全曲解。这样面谈的效果也会一落千丈。特别在年终总结时，员工希望通过这次面谈机会谈些自己的想法，或者宣泄不满情绪，管理者不注意用心倾听，只会引起员工对面谈的抵触情绪。

所以，在面谈的过程中，最重要的就是学会倾听，倾听是管理者进行员工面谈的第一步，是建立良好的双方关系的基本要求。倾听既是表达对员工的尊重，也是为了充分地了解情况，使员工在比较宽松的氛围下诉说自己对管理的不满和工作上的烦恼，从而在情绪上得到良好的宣泄。

用心倾听：倾听不仅仅是用耳朵去听，更重要的是用心去听，去设身处地地感受。不但要听懂员工通过语言、行为表达出来的东西，还要听出员工在交谈中所省略的和没有表达的内容。比如，有时员工说的和实际想法并不一致，当对领导或者同事有不满时，他会用“还好”“还行”等搪塞。另外，不要马上就问许多问题。不停提问往往给员工造成一定压力，感觉像是受“炙烤”。

适当反应：反应可以是言语性的，也可以是非言语性的。反应的目的既是向员工传达管理者的倾听态度，鼓励员工叙述，促进双方关系，也是澄清问题，深入了解，促进管理者对员工的理解。对员工的任何内容不能表现出惊讶、厌恶、奇怪或非常激动、气愤等神态，而是予以无条件的尊重和接纳，但是可以适当地呼应，如使用“呃”“噢”“我明白”“是的”或者“有意思”等来认同对方的陈述。通过说“说来听听”“我们讨论讨论”“我想听听你的想法”或者“我对你所说的很感兴趣”等，来鼓励说话者谈论更多内容。

【例子】：员工说到自己被扣年终奖金时，可能有以下几种不同的表达方法：1. 年终奖金被扣了；2. 我的年终奖金被扣了；3. 公司扣了我的年终奖金；4. 真倒霉，年终奖金被扣了。从这些不同的表述中，管理者可以洞悉员工不同的心理波动。第一句是对事件的客观描述；第二句是员工把奖金被扣的事情归因于自己，可能是好自省、易自卑的个性；第三句员工潜意识地认为是公司不对，故意扣他奖金，这种人可能推诿，容易有攻击性；第四种则有宿命论色彩，凡事认命。

2. 现场控制技术

绩效沟通的时间不宜过长也不能过短。过长时，管理者漫无边际地谈论几个小时，员工对于谈话的印象也始终是一团浆糊，摸不清楚领导谈话的主要目的；过短时，员工刚刚进入状态，想深入地交流一些问题，管理者就宣布谈话结束，会让员工觉得谈话只是走走过场，流于形式。

绩效沟通的方向，所涉及的问题以及会谈时间都必须是有计划、有目的的。控制会谈内容不但对管理者节省时间提高效率非常重要，对于员工也很重要，快速高效地解决员工的问题，会提高员工对管理者的信任和对企业管理层的信心。

【例子】：管理者可以在征得员工同意后，把员工的话重复一下并做解释，解释完以后，立即顺便提出另一个问题。这样做，可以使员工感觉问题的提出自然，非常合理。比如，员工说：“公司的考核不公平，我很气愤。”这时，管理者很想了解员工不公平感的原因是什么，便可以接着说：“是的，不公平令人很生气，看得出来，你觉得我们公司考核上存在不公平现象，能告诉我是什么环节令你如此气愤吗？”

3. 心理投射技术

在绩效沟通的过程中，双方谈话经常会陷入困境，员工有意规避问题，或者有意掩盖自身的真实想法，造成交流的问题模糊或者过于概括化。遇到这种情况，如果管理者不能深入追问，准确了解员工的真实想法，很可能就挖掘不到事情的本质，造成理解的偏差。进而影响沟通的效果。

此时最适合运用心理投射技术了解员工的真实想法。在心理咨询中，心理投射技术是咨询师通过来访者对别人的看法来推测这个人的真正意图或心理特征，从而准确了解他们的观点、所用的概念、所体验到的情感以及所经历的事件。人们在推测别人的动机和意图的时候，往往不自觉地以自己的内心想法为依据。这一技术在人力资源管理中也可以借鉴：通过观察一个人对别人的看法或态度，就可以推测其个人内心的某个隐蔽的动机、需求和欲望。

【例子】：管理者想要了解员工对公司文化氛围的看法，可以问员工两个问题：1. 你觉得公司文化氛围怎么样？ 2. 你认为其他同事对文化氛围持何种看法？

其实第一个问题没有多大意义，大多数员工会回答“还可以”“还好”，第二个题目才是重点考察员工的真实看法。员工一般会根据自己的内心真实想法来推测别人。第二个题目的答案才是求职者的内心真实想法，因为别人想什么，自己是不知道的，只能通过自己的想法去推测。所以，管理者可以适当地引导员工通过第三方的立场说出自己的真实想法。

【例子】：管理者可以为员工设定一定的情境，假定员工是处于情境中的特定人物，询问员工遇到类似问题的做法。比如，可以询问员工："假如你是 ×××，遇到这种情况你会 ×××。"通过询问这种问题，一方面了解员工对此类问题的真实看法，另一方面还可以考核员工处理问题的能力。

4. 移情技术

绩效沟通的过程，是双方的交流过程。但是，许多管理者却站错了位置，仍然拿一种居高临下的态度借着面谈的机会对员工言传身教、批评教育，员工难免会存在抵触心理参加面谈。如果管理者在面谈的过程中能够适当运用移情技术，可以有效改善面谈效果。

在心理咨询中，传统的移情技术是指咨询师在一种超然尘世（有些是在催眠状态下的，至少是在放松状态）的气氛下，将自己"变成"一块"白屏"，让来访者把感情、欲望等投射到自己身上；另外咨询师又是分析者，借此机会对这些感情、欲望等加以分析，帮助其克服障碍。在年终绩效面谈中，管理者也应该尝试运用移情技术。对于管理者来说，使用移情技术可以：深入员工内心去体验他的情绪和想法；将员工体验与公司管理因素、员工个人因素、社会因素紧密联系，更好地理解员工反映的问题实质。对于员工来说，移情使得员工感受到被接纳，从而心情愉快，同时还促进了员工自我表达和自我探索，有利于更多地自我了解。移情对于那些迫切需要获得理解和关怀的员工有非常明显的效果。

同情：管理者设身处地，进入员工的内心世界，了解员工真实的想法。

达理：用理性去思考和回答员工的问题，是什么、怎么样、怎么办。

从心理学角度提升沟通效率的方式还有很多，不仅限于年终绩效面谈，还可以应用于企业管理沟通的各个环节。管理者通过有效的心理沟通，能够妥善了解员工的内心想法，积极有效地纠正员工的错误认知，消除员工的不公平感，积极引导员工的独立思考，从而提高员工的工作效率和工作积极性。沟通也是要讲究技巧和效率的，管理者早日提高沟通的效率，便能够早日提升公司的核心竞争力。

第十章

绩效与激励
——基于人性做好多元化激励

要想实现考核的激励作用，首先一个良好的考核制度是必不可少的。只有员工对考核制度满意，才能充分地调动起员工工作的积极性，进而更好地为公司服务，使公司更好地发展。因此，激励作用首先就是能够调动员工工作的积极性。

10.1 从机制上重奖“卓越贡献者”

一个企业的良好发展与员工工作的积极性是密不可分的，通过绩效考核这一制度来激发员工的积极性就是要重新给员工的思想进行定位，要让他们认识到自己在公司发展中的地位，明白自己的利益是依托于公司的良好发展，以此来激发其工作的积极性。而只有这些还不够，精神层面上采取了一定的措施，当然也少不了物质方面的，这也是最有效的一种方法，对员工绩效及薪酬进行一定的调整，相信对于员工积极性的调动是有利而无害的。

另外，考核的激励作用还体现在人才保护方面，在对员工进行激励的时候，还应该考虑到帮助员工进行提升，也就是要让员工明白自己在公司的发展空间，了解自己的发展前途。所以，激励不只是简单的物质上的激励，更应该是发展空间的驱动，只有让其在公司具有归属感和存在感后，员工才会对公司更忠心，也能服从公司的安排，更好地为公司服务。

再者，激励作用还体现在公司良好的工作氛围的营造过程中，一个良好的绩效考核制度应该让员工与管理者都参与进来，员工和管理者之间应该保持一定的沟通，对于考核制度，双方都有权利提出异议，也都有权利对考核制度提出修改意见。在保证双方都对考核制度满意的情况下，公司的工作氛围自然就得到了极大的改善。

10.2 让滥竽充数的“南郭先生”无处可躲

在绩效考核中，实行“末位淘汰法”能给员工以压力，能在员工之间产生竞争氛围，有利于调动员工的积极性，使公司更富有朝气和活力，更好地促进企业成长。那么，“末位淘汰法”有哪些优点，又应该注意些什么呢？

1.“末位淘汰法”的优点

➢ 可以使人们积极、向上，实行“末位淘汰法”，意味着末位者就要遭淘汰。在这种压力下，员工为了免遭淘汰，继续得到原来的工作岗位，从事原有工作得到原有的待遇，就要加倍努力。

➢ 可以增加工作业绩，提高工作质量。“末位淘汰法”，可以直接地、单纯地优化工作团队。

2.“末位淘汰法”的注意点

淘汰末位者不是孤立的，而是同时保留比被淘汰者合适的、优秀的人员，又让出位置给新的比被淘汰者合适、优秀的人员。那么，如何使用末位淘汰法呢？我们认为，在遵循科学性、客观性及可接受性的基础上，对人才的选、育、用、留做到如下几点，才能让末位淘汰法用起来更顺。

首先，企业在招聘之初就要尽力做到量才而用，避免一开始就埋下被淘汰的隐患，浪费了企业的职位资源和企业培养的精力。要与员工共同制定企业发展规划，给予员工一个明确的发展目标。让员工一进企业，就知道在这个企业该做什么，他未来的路是怎样的，要求是怎样的，他的长处是什么，真正做到以人为本。

其次，在签订劳动合同时，双方就应在平等自愿的基础上，对"末位淘汰"达成一致，并在合同中有明确的说明。同时，这种合同应该是针对所有在职员工的，否则公司在执行"末位淘汰"时，就可能要冒违约的风险。

再次，在实施末位淘汰前，企业应该制定一整套客观、公正、公开、透明的绩效评价体系，如果这样做了，排在末位上的员工自然无话可说。

最后，我们对排在末位的员工应尽可能采取温和的方式处理。例如，给淘汰员工新的就业机会，这是一种比较符合我国国情的好方法。

事实上，很多企业的末位淘汰制都有转岗或降职等方式，许多企业在评定时一般都会选出 10% 的不能胜任岗位的员工，但一般来说最后真正被辞退的只有 5%，这样做效果确实不错。执行这种淘汰法，可以大大地激发员工的活力，能够形成良好的竞争氛围，使员工素质不断提高，团队不断优化，从而创造出良好的企业效益。在具体操作中，企业还可以制定这样的规则：

给首次排在末位的员工或某一比例范围内的员工一次"将功补

过”的机会，给予“黄牌”警告；对于两次考核都处在末位或某一比例范围内的员工，再向他出示“红牌”罚下岗。当然，这些要结合企业的具体情况来操作。

在使用末位淘汰法时，企业如果能始终本着公开、公正、公平的原则，本着以人为本的理念，采取科学的方法，形成完善的制度，就能不断激发员工的潜能，迫使员工不断涌现出新的竞争潜力，增添新的活力，为企业创造出更大的价值。

末位淘汰并不是不对员工负责！通常意义上，一旦企业开始关注竞争因素，企业的行为就变得理性化了。就像在学校读书的学生，在没有想到自己应争上游的时候，往往随老师的安排，稀里糊涂地学。企业处于这种状态时，就是随着市场的节奏稀里糊涂地发展。有朝一日一旦某一个学生醒悟过来，要奋起直追，这时他就会主动改变一些坏的习惯，如在课堂上开小差、不能端正学习态度等，而是专注于提高自己的学习成绩。企业也一样，一旦醒悟过来，就会理性地专注于提升自己的竞争力，包括是否决定实施“末位淘汰”。

10.3 绩效结果与人才发展九宫格

在一个成熟的HR眼中，每一名员工都是一个人才。招聘之初，正是应聘者自身所具有的与众不同的特质，成为可以入选这家企业的理由。进入企业以后，我们会发现，只需要短短三个月，很多员工就会表现出不同的工作效率；而当我们继续观察就会发现，短则一年，长则三年，员工之间的发展差异、员工自身的成长差异会更加明显。这其实是员工和企业双向作用的结果。首先，需要员工对于自己的职业核心竞争力与职业发展有一个清晰的认识；其次，需要企业针对不同绩效表现的员工有相对应的绩效管理方法。

在人才评估中，我们以核心能力及绩效表现作为纵轴和横轴，每一轴依据不同的能力展现的程度再细分为三个层次，交叉发展出九个不同的人才评等结果区块。不同的人才评等区块反映不同人才的发展需求与策略。这里，就用简单直观的“九宫图”给大家做一个说明：

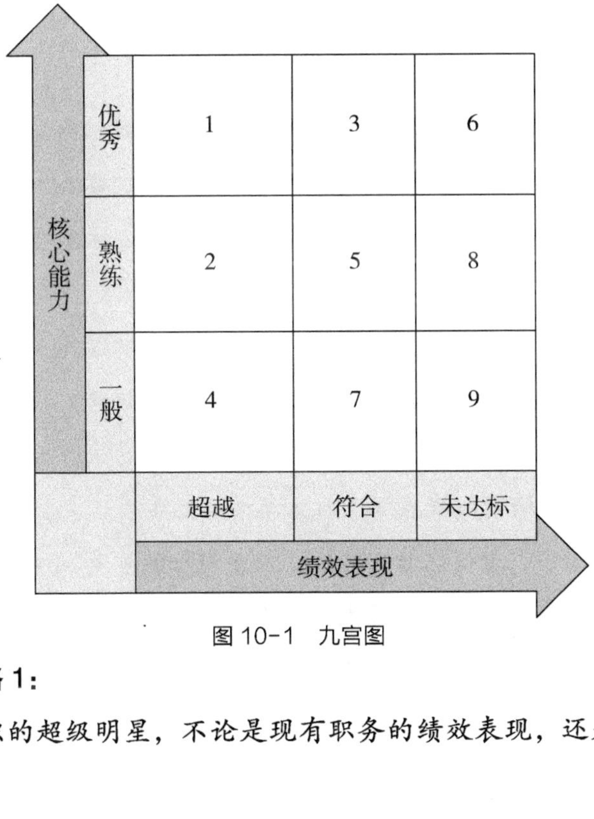

图 10-1　九宫图

方格 1：

组织的超级明星，不论是现有职务的绩效表现，还是未来潜能的发展，都展现出非常优异的成果与学习潜能。因此，因为此方格内的人才在极短的时间内安排合适的新职务，使他们迅速获得晋升。

很多大型跨国企业在进行人才评等时，对于此类人才的认定非常谨慎，因为一旦归入此类，组织就必须尽快执行相关的配套措施，如提升他们或赋予其更重要的职责，否则，这些优秀人才极容易在内部缓慢的作业过程中失去耐心，而对现有职务产生倦怠感或是被其他同业挖角，如此一来，组织的损失极大。因此，对于此方格关键人才的确认，多数公司都采取非常严谨的态度，并有充分的配套措施予以应对。

方格2：

在现有职务上表现优异，也展现出能够承担相同层级内更大职责的潜力。对于这类人才，应着重加强培养他们具备向上一层级发展所需的核心能力，以激发其展现更多的潜能（往方格1移动）。

方格3：

符合现有职务的绩效标准，并展露出极高的潜能，未来可以往上晋升。对于这类人才，发展的重点应针对其优势，指派给他们更具挑战性的任务，或通过安排他们从事多样性的工作，以鼓励这些人才展现出更好的绩效成果（往方格1移动）。

一般而言，方格2和3的人才都是组织的重要人才资产，因此公司会愿意多投资一些资源在这些人身上。所以除上述的发展做法外，也需要视不同人才的实际情况而有不同的安排重点。例如说，有些人才在同一个工作范围已经深耕许久，那他需要的发展重点可能就是开阔眼界，使他有机会到更多的岗位上去体验不同的工作内容；而对另一个已在多个不同岗位上历练过的人才来说，他的发展重点可能就是提升国际实业或是扩大其现有的职责范围。因此，公司在拟定人才发展策略时，必须针对不同的人才类别，做出系统评估。

方格 4：

在现有职务上表现优异，并能在类似的工作范畴中扮演不同角色。例如，经验丰富的专业人员对组织有极大的价值，不仅能协助培训内部员工，也能在公司刚成立或面临突然转变的情况下提供所需的专业技能。此方格的人才培训重点应在于持续提升其核心能力，以迎接未来挑战。

方格 5：

达到现有职务的绩效标准，也有机会尝试承担相同层级内较大的职责。因此发展的重点将根据这类人才的潜能发展趋势来决定是否赋予其更有挑战性的任务（往方格 3 移动），或强化现有的绩效表现（往方格 2 移动）。

方格 6：

最近一年内刚从方格 1、2 或 3 晋升上来的人才。先前的绩效表现足以证明他们有潜力晋升到此一层级职务。但面对新职务更高的绩效要求标准，他们仍在调试或重新设定目标，因此接下来的发展重点应是尽快教导、强化，使其绩效提升达到此职务的要求标准。

这部分的人才通常会面临另外的挑战，因为许多主管认为人才晋升后，工作士气不会太高（因为刚被晋升），因此也比较容易忽略或低估他们面对新职务标准提高所产生的挫折感或所需的调适期，而且仍不知不觉期望他展露出过去明星式的绩效，然而，这样不恰当的期待，会造成这些人才初期对自我绩效表现有极大的压力，而当结果未如预期时，则产生较大的自我挫败或否定感。

方格7：

达到现有职务的绩效标准，但应与其共同订立挑战性目标，并要求在既定时间内有效提升其核心能力。

方格8：

达到部分该层级要求的绩效标准，但有些部分明显未达到要求。落差主要来自其尚未具备此新职务所需的技能，或长期以来能力未被提升改善。

方格9：

未达到现有职务的绩效标准，若不是有意愿或能力上的问题，应协助其改善，提升绩效；或协助转调其他合适的职务或转任其他公司。

这里特别要提到对方格6人才的注意。方格6人才代表了一个职场上容易被忽视的现象：为什么一些相当优秀的人才在调整或晋升为更高阶职务后，反而绩效表现持续下降，工作不如人意？我们往往归结为其丧失斗志，工作松懈等思想原因。方格6的存在，告诉我们，对任何一个新职位的绩效期望，都需要有平常心和耐心，优秀的人仍然需要调适和成长，才不至于从优秀沦为平庸。这个方格的人是特别需要观察的人才区间之一。

参照人才发展九宫格，作为员工，可以尝试对自己的绩效表现做出一个评定，以此来判断自己未来的提升空间和方向；作为公司的人力资源管理者（包括非人力资源专业的管理者），则可依据这些绩效表现与管理方向，逐步建立其有效的绩效管理体系，让人才行走在“九宫格”内，提升和鼓励员工效能，使其成为最有效的人才资本。

10.4　即时激励的三个黄金法则

即时激励是打造团队的核武器，只会用钱激励的领导人是无能的。

很多领导人，在公司里面做员工激励，就只会找公司要钱，要钱聚个餐、要钱旅个游、要钱买点奖品、要钱发奖金加工资，好像有钱才能解决问题。钱很重要，但是钱不代表一切，除了钱还有爱与认同，所以你要把即时激励真正学会，你打造出来的团队就会更有凝聚力。而不是大家彼此都变得冷漠、自私，不懂得感恩，见钱就抢，见到责任就推。这样的团队永远难成大事。下面给大家推荐三个即时激励的黄金法则：

1. 激励一定要快

等待会产生仇恨，激励一定要快。

激励的适时性表现为“赏不逾时”的及时性。在员工有良好表现时，就应该及时给予奖励。等待的时间越长，奖励的效果越可能打折扣。及时激励至少有两个好处：一是当事人的行为受到肯定后，有利于他继续重复所希望出现的行为。二是使其他员工看到，只要按制度要求去做，就可以立刻授奖，这说明制度和领导是可信赖的，因而大家就会争相努力，以获得奖励。

2. 要公开化、透明化

不公开的即时激励叫“权谋”，激励是要在一种公平、公开的氛围下进行，因为当事人需要在公平、公开的前提下产生成就感，因为这体现了竞争能力，这种成就感是让人、让自己与别人在同等情况下比，进而产生优越感，如果不公开、不透明，是一种暗箱操作，这样就会导致整个组织的一种不患寡但患不均的不良状态。这样的激励，事实上效果还不如不激励。

3. 放大正面行为

哈佛大学做了一个实验：5只猴子被关进笼子里，笼子里面挂了一串香蕉，如果猴子试图摘取香蕉，就会有高压水枪打在它的身上。猴子吃了几次苦头后，就再也不吃香蕉了。负面的激励多了以后，他的天性都被改变了。接下来，用一只新猴子替换老猴子，新猴子看到香蕉刚想去摘，就被老猴子一顿暴揍。承受打击以后，这只猴子也不再吃香蕉了。此时水枪已经关闭，不断用新猴子替换老猴子，新来的想摘香蕉，就会被暴打一顿，并且下手最狠的恰恰是没有被水枪射击过的。最后笼子里全都是没有被水枪射击过的新猴子，但仍然没有猴子会去碰那串香蕉，因为吃这个香蕉，就有个潜规则，就会挨打。为什么会挨打，却没有猴子知道。

所以，在企业里面，如果老是让员工做负面的激励，传播负面的情绪，老板和领导人，只是会不断地批评员工，那么企业负面的东西就会越来越多。反过来，如果能将正面的事放大去表扬、公开去激励，那么公司正面的东西就会越来越多。这样大家就会知道，公司倡导什么、反对什么，倡导的东西就会越来越多，反对的东西就会越来越少。

10.5 绩效结果与公司股权激励

想要的人招不来，招来的人留不住，留下的人不安心，人才在公司却不尽其才，这使许多公司都陷入迷茫，于是，很多企业开始学习和引入股权激励计划，但是，在引入股权激励时发现如何划分股权、何时分股权、哪些人应该分股权、分股权多少等问题出现。股权激励和绩效管理就相当于一个孪生姐妹，他们有许多相似之处，却又有些不同，而且又互相依存。那么股权激励与绩效管理它们到底是何关系呢？

首先，绩效管理是实施股权激励的基础，没有绩效管理，股权激励就没有目标。大家都知道，股权激励就是将公司的股权（实股、虚股）奖励给那些为公司做出贡献的人，那么，对这些人如何奖励，奖励的依据是什么呢？于是，就有了绩效考核，只有通过公正、公平、科学的绩效考核才能使股权激励做到公平性和激励性。

其次，股权激励同时又能促进公司绩效管理体系得以提高。股权激励的目标是激励员工、调动员工的积极性，如何调动员工的积极性，就必须建立一个有效的激励机制，激励机制的建立必须通过一些有效的管理方法和管理手段去实现，因此，绩效管理和目标管理引入就成了必要。要做到股权激励的公平性和激励性，就必须要建立科学、有效、公平、公正的绩效管理体系。因此，股权激励机制的建立同时也促进绩效管理不断地提高和完善。

实施股权激励的根本目标是让员工成为企业的主人，更大限度地调动员工的积极性，更大地让员工发挥他们的才能，从而提高企业业绩，使企业不断成长壮大和良好发展。绩效管理是通过建立目标管理体系，实施绩效计划、绩效沟通、绩效考核、绩效管理等过程，使每位员工明确自己的目标和岗位职责，通过绩效考核等手段评价员工的绩效，绩效管理最终目标是对结果不断分析和改进，从而提高企业的业绩。

10.6 慎用强制淘汰法与正态分布法

“强制正态分布法”大多为企业在评估绩效结果时所采用。该方法就是按事物的“两头小、中间大”的正态分布规律，先确定好各等级在被评价员工总数所占的比例，然后按照每个员工绩效的优劣程度，强制列入其中的一定等级。通用电气（GE）前任首席执行官杰克·韦尔奇凭借该规律，绘制出了著名的“活力曲线”。按照业绩以及潜力，将员工分成A、B、C三类，三类的比例为：A类：20%；B类：70%；C类：10%。

对A类这20%的员工，韦尔奇采用的是“奖励、奖励、再奖励”的方法，提高工资、股票期权以及职务晋升。A类员工所得到的奖励，可以达到B类的两倍至三倍；对于B类员工，也根据情况，确认其贡献，并提高工资。但是，对于C类员工，不仅没有奖励，还要从企业中淘汰出去。综观“强制分布法”，具有如下优点：

一是等级清晰、操作简便，不同的等级赋予不同的含义，区别显著；并且，只需要确定各层级比例，简单计算即可得出结果。

二是刺激性强，“强制分布法”常常与员工的奖惩联系在一起。对绩效“优秀”的重奖，绩效“较差”的重罚，强烈的正负激励同时运用，给人以强烈刺激。

三是强制区分由于必须在员工中按比例区分出等级，会有效避免评估中过严或过松等一边倒的现象。随着杰克·韦尔奇和GE成功，“强制分布法”得到了国内外越来越多企业的青睐。许多大企业纷纷采用此方法，按照不同的绩效等级，对员工进行奖惩。

与此同时，“强制分布法”在结果运用中，也显现出一些问题：

一是淘汰难以实行。对能力以及绩效都很差的员工，不存在太大问题；可有些岗位的员工，如专业性强、行业内比较紧缺的，即使考核结果很差，企业却也不能将其淘汰。因为，只要公司一开口，有大把公司等着要呢。考核结果一出来，有些人自己就痛痛快快地炒了公司鱿鱼。

二是奖励难以兑现。考核结果出来后，出乎大家的意料，不少领导和员工心中的好员工，却不知为何拿不到好的成绩，考评“优异”的，有相当一部分难以服众。老板也不情愿给二流的人员发一流的工资。于是，考核“优异”的，怪老板言而无信；考核“优秀”的，心里不服气；考核“一般”的，有了推卸责任的借口；考核“较差”的，一部分要老板付出心力苦苦挽留，另一部分要企业付出金钱谨慎淘汰。混乱的局面，直到取消考核才停止。

客观说来，“强制分布法”也如“平衡计分卡”以及“360度考核法”考核一样，也只不过是一种管理的工具而已，每一种管理工具，都有其优点、缺点。如何发挥“强制分布法”的强激励作用，最大限度地减少负面影响呢？

第一，使用条件要成熟。

文化基础。“强制分布法”较之其他考评办法，更需要文化的吻合。因为其强烈的刺激，给人们心理带来的冲击更大。GE的“活力曲线”之所以发挥出很好的效果，在于其整整花费了10年时间来建立新的绩效文化。但即便是在GE，冲突也是经常发生的，有的部门负责人，甚至将已经过世的人的名字拉来，来充后10%的人数。但GE的文化，较好地弥合了“强制分布法”负面效应。坦率与公开是GE绩效文化中最显著的特点，人们可以在任何层次上进行沟通与反馈，在这种文化下，绩效的持续改进与提升是人们关注的重点。如果没有这种绩效文化的依托，“强制分布法”也只能起到传统考核所起到的“胡萝卜加大棒”的效果。另外，杰克·韦尔奇坚决果断的领导风格，也是 GE 文化中较有亮点的一笔。

制度保证。企业的各项管理系统间必须是兼容的。企业的人力资源系统内部、企业的其他管理系统与人力资源系统之间，必须有很好的融合度。如果企业的绩效管理本身就不够系统和规范，如果绩效只能与物质奖励（或惩罚）挂钩而无法引导员工的持续发展，如果企业的愿景和使命不能焕发起员工的激情，可以肯定，“强制分布法”的激励效果会非常有限。

第二，方法要吃透。

在使用“强制分布法”之前，一定要吃透其负面影响，权衡利弊后，如果确实利大于弊，方可采用。并且，要研究如何将其负面影响降到最小。对一些管理方法和工具的使用，一定要“适”字优先，万不可人云亦云，并且，要根据企业的自身实际，灵活而不是机械式地运用。

让“统一的时间”变得“相对”起来。对于人数较少的部门，并非说“滚雪球”的方法不能使用，只是，这样的捆绑所得出的结论信度不佳。为有效避免部门领导绩效评价过严或过松的现象，由公司的考评小组，每三个月对上述部门评价为“优秀”以上的员工业绩进行公开审核，届时，直管领导需在专项会议上进行书面以及口头陈述。如果部门评价与考评小组评价有异议的，以考评小组为准；对绩效评价为“一般”以及“较差”的员工，如果本人以及其他部门都没有提出异议，则不需要考评小组进行审核。

让单一的物质刺激转化为全方位激励可采用多种办法。比如，提供培训以及更有挑战性的工作机会等，激发员工的工作热情。另外，在必备的绩效文化没有形成前，企业在绩效结果的使用上也需要留有分寸。初期可缩小最后一个等级的人数比例，或者不把“强制分布法”与员工的末位淘汰结合起来，将关注点由对过去的结果评价转移到对员工未来绩效与能力的提升上来。

总之，对于“强制分布法”的使用，企业应该慎重。如果简单地将其作为强激励与强威胁的工具，就会混淆绩效管理之提升绩效的重点，处理不好，就会步入“以人际关系为导向”而非“以绩效为导向”之歧路，如此，就违背了考核的初衷。这样的考核，不要也罢。

第十一章

绩效辅导
——让优秀人才脱颖而出

作为一名优秀的管理者，如何做好绩效辅导，让优秀人才脱颖而出？在绩效管理中，直线管理者应扮演哪几个角色，做好哪些工作？

11.1 领导者如何做好第一推动力

企业领导者对组织的稳定经营和持续成功起着关键作用。其中高层领导的引领和推动是组织持续成功的前提，组织治理是组织持续成功的保障，而履行社会责任则是组织持续成功的必备条件。高层领导在绩效管理体系中有着至关重要的作用：

第一，对企业文化建设的导向作用。纵观各企业发展的历史，都能够看到企业行为、企业道德、企业目标和制定、管理方式方法的运用，往往打上很强的企业领导者的性格印记，这是企业领导者在企业文化建设中的特殊作用。

企业文化主要是基于企业使命、愿景与价值观的核心和内容，通过精神、制度和物质层面的支撑和保障帮助企业实现使命、愿景与价值观。不同性质、规模、水平以及地域文化的企业中，使命、愿景、价值观与企业文化的表现形式是不尽相同的，甚至不一定使用使命、愿景与价值观这些字眼；很多企业直接使用宗旨、目标、发展方向等字眼。

高层领导是否根据以上科学、合理并且有效的方式制定了符合企业需求的发展方向，并由领导率先垂范，将这些使命、愿景与价值观的内容向企业所有相关方进行解读和宣贯，得到各方的一致认同，并监督、督促各方携手合作，协调发展。

第二，率先垂范的带头作用。领导者对企业文化建设，无论是指导思想的确定、奋斗目标的规划，还是实施步骤的制定，这些过程均不可或缺。

该观点的目的在于使全体员工及相关方对组织的发展方向和重点有清晰、一致的理解、认同并付诸行动，在组织内部达成上下同心，在组织外部促进协同发展。其主旨在于强化高层领导在企业内外部推广双向沟通，保证企业发展方向可以被所有相关方理解认同。

11.2 绩效辅导的“五要五会”

员工绩效的高低与管理者有很大的关系。作为一名优秀的管理者，如何做绩效辅导？如何帮助员工改进绩效呢？绩效辅导过程中，管理者应做到“五要五会”，从而帮助员工提升绩效，达成工作目标。

1. 要明确目标，会厘清差距

员工的既定目标是什么？有没有按照公司的规定达成？现状实际情况又如何？如果有差距，差距多少？差距在哪里？如果完成目标，如何奖励、激励帮他在下一个绩效周期更上一个台阶？员工绩效差要辅导，绩效好也要辅导，只不过辅导的内容方式不同而已。譬如，一个中学生期末英语成绩 80 分，距离满分 100 分尚有一定差距，跑到外面参加英语辅导班，到辅导班第一件事是老师给他做 30 分钟的测试，通过测试就知道他差在哪里，是词汇量不够、语法薄弱还是基础差，知道短板和问题点在哪里，往后就好办了。

2. 要寻找原因，会标本兼治

导致员工绩效差的原因有很多，有的是员工自己本身有问题，有的是公司环境流程机制有问题。本身问题又包括知识技能不足、方法策略不对路、工作动机态度不端正、岗位目标与员工本身具备的条件不符、努力程度不够、没有坚持等。哪些是真正的原因？哪些是表面原因？哪些是根本原因？找到根因、真因，才能有的放矢，标本兼治，从根源上解决，应该系统、动态、整体地去看一件事，而非“头痛医头，脚痛医脚”。

3. 要对症下药，会制定措施

明确差距所在，知道根本原因，下一步就是“对症下药”，按图索骥，选择干预措施，开发绩效改进方案，帮助员工扫清达成目标路上的障碍，最终结果助其达成目标。如果是知识技能不足，通过培训、师傅带徒弟、读书学习等方式帮助其提升技能，如果本身天赋条件不适合这个岗位，考虑调整岗位，如果是资源工具缺乏，我们要给资源、给工具，想方设法，帮助员工设计相对应的干预措施，开发科学的绩效改进方案。

4. 要实施巩固，会认真推进

根据量身定制的绩效改进方案，帮助员工按照方案所定的时间进度表进行认真推进实施，确保起到应有的效果。实施过程也是教练过程，改变其行为，启发其态度和工作意愿。由慢到快，由易到难，深入浅出，通俗易懂，帮助员工更好地了解掌握，“说给他听，做给他看，让他做做看，做得好夸奖他，做不好再改善，反复做成习惯”。

5. 要评估改善，会追踪督导

根据制订的绩效改进方案和计划实施一段时间，看看效果如何，有没有达到我们的预期目标。如果没有达到，是方案本身有问题、员工没有努力照做，还是公司没有给予应有的支持。如果达到预期，观察辅导前后差别在哪里，好的地方在哪里，待改进的地方在哪里，善于总结，有没有更好的方法，牢记“失败是成功之母，总结是成功之父”。在实施的过程中，持续跟进追踪督导，直到养成良好的作业习惯，达到预期绩效目标，才算完成辅导任务，实现好的成果。

绩效辅导没有捷径，唯有踏踏实实，一步一个脚印，稳扎稳打，以终为始，才能实现辅导目标，最终帮助员工做好绩效改进，直至实现公司的整体目标。

11.3 绩效辅导的四个角色

在绩效管理中，直线管理者才是实施的主体，起着桥梁的作用，上对公司的绩效管理体系负责，下对下属员工的绩效提高负责。如果直线管理者不能转变观念、不能很好地理解和执行，再好的绩效体系，再好的绩效政策都只能是水中花、镜中月，只能与“鸡肋”无异。

所以，在实施绩效管理之前，首先要团结直线管理者这个主体，统一他们的思想，使之真正发挥绩效管理者的角色，承担自己应该承担的责任，做自己应该做的工作，让直线管理者真正动起来。只有直线管理者真正按自己的分工动起来了，绩效管理才能按预想的方向前进，才能真正实现落地，得到有效实施。那么，在绩效管理中，直线管理者应该扮演哪几个角色、做好哪些工作？主要有以下四个角色：1. 合作伙伴 2. 辅导员 3. 记录员 4. 公证员。

1. 合作伙伴

管理者与员工的绩效合作伙伴的关系是绩效管理的一个创新，也是一个亮点，它将管理者与员工的关系统一到绩效上来。在绩效的问题上，管理者与员工的目标是一致的，管理者的工作通过员工完成，管理者的绩效则通过员工的绩效体现，所以，员工绩效的提高即管理者绩效的提高，员工的进步即管理者的进步。绩效使管理者与员工真正站在了同一条船上，风险共担，利益共享，共同进步，共同发展。

鉴于这个前提，管理者就有责任、有义务与员工就工作任务、绩效目标等前瞻性的问题进行提前的沟通，在双方充分理解和认同公司远景规划与战略目标的基础上，对公司的年度经营目标进行分解，结合员工的职务说明书与特点，共同制定员工的年度绩效目标。

在这里，帮助员工，与员工一起为其制定绩效目标已不再是一份额外的负担，也不是浪费时间的活动，而是管理者的自愿，因为管理者与员工是绩效合作伙伴，为员工制定绩效目标的同时就是管理者为自己制定绩效目标，对员工负责，同时就是管理者对自己负责。

2. 辅导员

绩效目标制定以后，管理者要做的工作就是如何帮助员工实现目标的问题。在员工实现目标的过程中，管理者应做好辅导员，与员工保持及时、真诚的沟通，持续不断地辅导员工业绩的提升。业绩辅导的过程就是管理者管理的过程，在这个过程中，沟通是至关重要的关键。

沟通包括正面的沟通和负面的沟通。在员工表现优秀的时候给予及时的表扬和鼓励，以扩大正面行为所带来的积极影响，强化员工的积极表现，给员工一个认可工作的机会。在员工表现不佳，没有完成工作的时候，也应及时真诚地予以指出，以提醒员工需要改正和调整。这个时候，管理者不能假设员工自己知道而一味姑息，一味不管不问，不管不问的最终结果只能是害了员工，于自己绩效的提高和职业生涯的发展也无益。

绩效目标往往略高于员工的实际能力，员工需要跳一跳才能够得着，所以难免在实现的过程中出现困难，出现障碍和挫折。另外，由于市场环境的千变万化，企业的经营方针、经营策略也会出现不可预料的调整，随之变化的是员工绩效目标的调整。所有的这些都需要管理者与员工一起，管理者帮助员工改进业绩，提升水平。这个时候，管理者就要发挥自己的作用和影响力，努力帮助员工排除障碍，提供帮助，与员工做好沟通，不断辅导员工改进和提高业绩。帮助员工获得完成工作所必需的知识、经验和技能，使绩效目标朝积极的方向发展。

3. 记录员

绩效管理的一个很重要的原则就是没有意外，即在年终考核时，管理者与员工不应该对一些问题的看法和判断出现意外。一切都应是顺理成章的，管理者与员工对绩效考核的结果的看法应该是一致的。

争吵是令管理者比较头疼的一个问题，也是许多的管理者回避绩效、回避考核与反馈的一个重要原因。为什么会出现争吵？因为缺乏有说服力的真凭实据。试问，不做记录，有哪一个管理者可以清楚地说出一个员工一年总共缺勤多少次，都是在哪一天，什么原因造成的？恐怕没有，因为没有，员工才敢于理直气壮地和你争论，和你据理力争。

为了避免这种情况的出现，为了使绩效管理变得更加自然和谐，管理者有必要花点时间、花点心思，认真当好记录员，记录下有关员工绩效表现的细节，形成绩效管理的文档，以作为年终考核的依据，确保绩效考核有理有据，公平公正，没有意外发生。

做好记录的最好办法就是走出办公室，到能够观察到员工工作的地方进行观察记录。当然，观察以不影响员工的工作为佳。记录的文档一定是切身观察所得，不能是道听途说，道听途说只能引起更大的争论。这样一年下来，管理者就可以掌握员工的全部资料，做到心中不慌了，考核也更加的公平、公正。

4. 公证员

绩效管理的一个较为重要也是备受员工关注的环节就是绩效考核。绩效考核是一段时间（通常是一年）绩效管理的一个总结，总结绩效管理中员工的表现，好的方面，需要改进的地方，管理者需要综合各个方面给员工的绩效表现做出评价。同时，绩效考核也是公司薪酬管理、培训发展的一个重要依据。所以，公平、公正显得至关重要。

管理者之所以可以作为公证员来进行考核，主要是因为前面三个角色铺垫的结果。在前面工作的基础上，员工的考核已不需要管理者费心，可以说是员工自己决定了自己的考核结果。员工工作做得怎么样，在绩效目标、平时的沟通、管理者的记录里都得到了很好的体现，是这些因素决定了员工的绩效考核评价的高低，而非管理者，管理者只须保证其公平与公正即可。所以，管理者在绩效考核中应扮演公证员的角色。

做公证员似乎是轻松的，但却是前面努力的结果，是一直的努力才使得管理者可以坦然面对本来很烦人的考核，可以泰然处之，轻松应对。这也是绩效管理所追求的目标，让一切成为自然，让员工自己管理自己的绩效。其实，绩效管理很简单，只要思想统一了，路子对头了，角色演好了，绩效管理就一定能出成效，而且会远远超出我们的想象。

11.4 绩效辅导的 GROW 模型与应用

在绩效管理的实施上，高质量的绩效管理方案运行之后却无法得到高价值回报的"无力感"时常困扰着企业老板和人力资源部。为什么前期工作那么充分，花了那么多的时间探讨战略目标、探讨目标分解、探讨行动计划，每个人的考核指标都定得很清晰了，也都讨论了很多轮，最终考核结果仍然不能如实反映在企业的经营结果上？为什么绩效管理实施了那么久，经理的行为还是我行我素，员工还是不能自动自发，绩效考核结果还是迟迟出不来？到底要怎么做才能真正让企业走向战略绩效管理之路呢？

实际上，绩效管理没有有效落地的根本原因还是在于"人"。管理体系改变了，但是执行管理体系的人没有转变，管理者的思想没有转变；绩效管理的流程更新了，执行绩效管理机制的人的头脑没有更新。当管理者的思想观念没有转变的时候，绩效管理就只是老板的或者是人力资源部的一厢情愿，而不是每个管理者和员工共同的事情。可想而知，这种状态下，谈何落地，谈何有效？因此，我们需要把对绩效管理的关注点转移到软性的东西上，关注绩效导向的企业文化塑造和管理者领导力的提升，其最有效的方式莫过于“教练式辅导”。

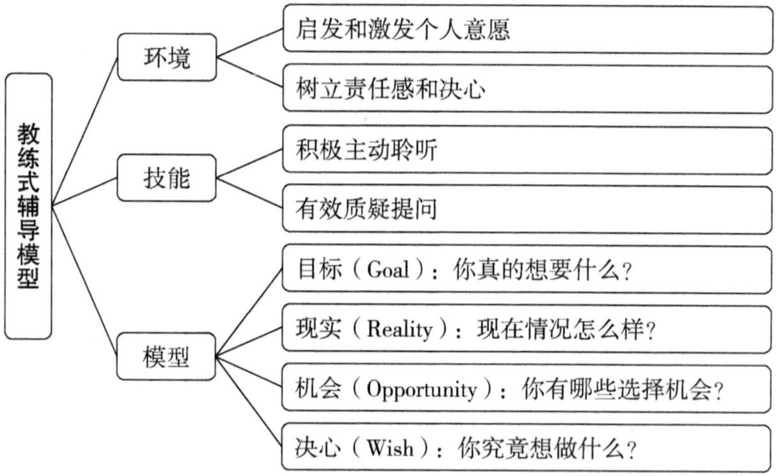

图 11-1　基于意识和责任感激发的教练式辅导模型

1. 教练式辅导的环境设置

构建教练式辅导的环境从两个方面入手：一是激发员工意识，二是帮助员工树立责任感。这是两个基本点，要始终牢记，后面所有的技能和方法最终都围绕这两个基本点展开，离开了这两个基本点，最终无法做到深度的辅导，甚至会被员工认为是管理者在耍手段、炫技巧。

激发员工意识最有效的方法就是提问。经理和员工探讨目标和计划的时候，要注意多问多听，不断地向员工发问，“你是如何理解这个目标的？你准备从哪几个方面着手开展工作？你的第一步是什么？你现在有什么困难？你需要谁的帮助？”等等。当经理通过有效的提问激发了员工的意识的时候，员工就能够自己描绘工作目标，并且在直线经理的帮助下，反思现实，寻找可能的解决方案，最后决定为达成目标自己要真正下决心去做的工作。

意识激发的问题解决了，员工的思维就被调动起来了，参与感就增强了。这时候，我们还要做一个很重要的事情，帮助员工树立责任感。所谓树立责任感就是把主动权还给员工，让员工自己决定想做什么，想通过什么方式和步骤进行，通过这样的方式帮助员工树立完成目标的责任感。我们知道，当员工被命令、被告知、被期望负起责任，甚至被直接赋予责任时，如果员工没有完全认可它，绩效是不会有所改善的。

设想一下，如果经理给了员工一个指令，而员工接受并且按照经理的要求认真做了，但最终结果不好或者做错了，接下来员工的心态是什么？通常，员工的第一反应一般是责怪经理，认为经理没有想清楚，没有安排好。实际上，最终的失败可能是员工缺乏主动意识、能力不足等原因造成的，也可能是因为经理的指令不清晰而导致的，但员工不会从自身分析原因，而是把矛头指向经理，责怪经理指挥不力。在工作当中，当经理安排工作经常以命令的形式下达的时候，员工的自主意识就会完全丧失，面对工作的变化，缺少主动思考和积极应变，最终会导致员工抵触、抱怨甚至和经理对着干，工作中两面三刀，明里一套，暗里一套。

员工对绩效指标没有切实的压力，只会一味被动地接受上级命令，上级作为所有工作的发动机，发号施令，一旦上级没有注意到，或者有了疏漏，员工的绩效就会出现问题。这实际上是违背绩效管理的初衷的，绩效管理的初衷是提升员工的能力，解放管理者的时间，而经理意味着对员工进行工作安排，发号施令，请问，如何做到解放管理者的时间，又如何提升员工的能力呢？所以，经理在对员工进行绩效辅导时，要注意方式方法的调整，转变方式方法，让员工真正感受到责任，把主动权交还给员工，让他们学会对自己负责。

当直线经理做到了这些，工作目标和具体的解决方案就不是经理给予员工的，就不带有强制性，而是员工自己选择的。因此，员工的完成目标和计划的责任感就树立了，管理者也就拿到了员工的承诺，剩下的时间只需要偶尔提醒一下工作的进展情况就可以了。当员工的意识被激发，并且树立了责任感，员工就能做到自动自发地完成工作，经理只是必要的时候提供一些指导和资源，帮助员工完成目标即可。

2. 教练式辅导的技能要求

教练的核心技能有两个：一个是有效提问，另一个是积极倾听。

前面我们讲到，要想激发员工的意识，直线经理就不能“好为人师”，把自己的想法和思路全部告诉员工，一味地灌输。直接告诉员工思路方法的好处是可以快速完成沟通，把目标计划说清楚，但这样做的坏处也非常明显，当经理快速地和员工完成沟通的时候，其实经理就是放弃了深度开发员工潜能的机会，只是把员工当成完成工作的机械人而已，当成一双手，而不是一个完整的人。当被作为完成工作的工具或部件的时候，员工工作起来就会缺乏创意和激情。要想使员工深度参与绩效管理，管理者必须掌握提问的技巧和倾听的技巧。

提问的最大价值是帮助员工启发思路，让员工自己找到解决问题的方法，达到“激发意识”“树立责任感”的最终目的。而倾听是提出好问题的基础，要想帮助员工“激发意识”“树立责任感”，经理就必须在提问的时候，保持积极倾听、用心倾听、同理心倾听、换位思考地倾听，只有听到了员工的心声，经理才能提出更好的问题，帮助员工思考更深入、更具体的做法。

“有效提问”与“积极倾听”相辅相成、互为补充，在教练式辅导过程中，经理要交互使用这两个技能。特别要提醒的是经理应该多听少说，在充分倾听理解的基础上，提出能够帮助员工厘清思路、发现答案的问题，进而把主动权还给员工，让员工自己做决定。

3. 教练式辅导的最佳提问顺序——GROW 法则

要想提出好的问题，教练要练习最佳提问顺序，即 GROW 法则。

- 明确目标（Goal）。目标包括最终目标和绩效目标，两者缺一不可。明确最终目标是明确大的理想和抱负，帮助员工找到工作的意义，明确绩效目标是明确近期可控目标，是在员工的能力范围内，运用所谓摘苹果原理，员工跳一下可以够得着，通过短期努力可以达成，绩效目标支撑最终目标的实现。

- 帮助员工梳理现实（Reality）状况。目标明确了，那么现实是什么？现实都发生了些什么？员工在知识技能和经验方面存在哪些欠缺，在人财物的资源方面存在哪些不足，外部环境是什么样的，什么人可能会影响目标的实现，什么人支持，什么人反对？等等。
- 帮助员工探询可能的解决方案（Options）。针对目标和现实，有哪些解决方案可以选择，是3个还是5个，还有更多吗？这个环节最关键的就是不断追问可能性，尽可能把选择方案丰富化，便于后面下定决心环节做出更好的选择。
- 帮助员工下定决心（Will）。目标明确了，现实已经判别清楚了，可供选择的方案也已经找到了很多，那么，这些方案的可行性如何？哪些方案可以立即实施？具体从什么时间开始？哪些方案还有障碍或疑虑，如何分析判断？

4. 持续跟踪，把主动权还给员工

进行绩效实施的时候，经理作为教练要持续关注员工的表现，在实施过程中给予反馈。作为教练的直线经理要注意把“主导权”还给员工。注意，是还给员工，而不是授予员工，主导权本来就是员工的。要做到这一点，作为教练的直线经理就要注意沟通和反馈的方法，在对员工进行反馈的时候，就不要急于发表见解，更不要

轻易给出答案，而是要问员工问题。例如，“你的报告的核心意图是什么？你准备怎么表达？你现在正在做的和你想要表达的一致吗？如果存在问题，那是什么，你准备怎么解决，具体可以分成几个步骤？”

当直线经理在绩效管理实施中持续修炼 GROW 法则、持续关注员工的意识激发和责任感树立、持续关注员工的主导权的时候，绩效管理将是件快乐、轻松和有意义的事情。在轻松和谐的氛围中，直线经理提升了自己的领导力，而员工也在直线经理的教练式辅导下持续成长。当直线经理持续这么做的时候，就做到了绩效管理定位的要求，即帮助企业落实战略目标，帮助员工与组织一起成长，实现经理的价值！

11.5　绩效教练的 5R 模型与应用

1. 5R 模型概述

5R 教练模型的出现给企业绩效管理带来了新的方法和希望。将 5R 教练模型应用于绩效管理中，通过管理教练启发式的提问，挖掘他们的潜力，使员工真正体会到绩效管理的益处，并通过这种管理方式不断提高员工绩效，最终实现企业的战略目标。5R 教练模型包括 5 个部分，分别是关系（Relation）、调整（Refocus）、现实（Reality）、资源（Resources）、责任（Responsibility）。

1R关系是指与客户建立一个值得信赖的教练关系，保持并持续发展这种关系，这是进行有效教练最重要的基础。2R调整是指教练应与客户就问题达成共识，很多客户不知道或无法清晰地表达出他们想要的是什么，此时就需要教练帮助客户发现他们所期望的问题并制定出具体目标，这有助于高效地开展教练活动。3R现实是指教练通过倾听和有效的沟通帮助客户理解现实状况，认清目前所面临的困难、挑战，能够尽快做到这点才能使教练更有效率。4R资源是指教练要引导客户找到用于解决问题的资源，人们通常认为可采取的方法很少，可利用的资源匮乏，此时教练要鼓励客户认识到自己有改变情况的能力，并帮助客户做出明智的选择，制订出有效的行动计划。5R责任是指帮助客户确定行上的支持者以及向支持者汇报行动成果的时间和方式，就相互问责达成一致，保证计划的实施。

2. 5R教练模型在绩效管理中的必要性

在绩效计划阶段，管理者很少与员工进行双向交流，而是根据组织需要强加给员工一个绩效目标，导致目标与员工能力不符，制定得偏高或偏低，同时员工未能参与制定过程而是被迫接受，使得员工执行动力不足，结果难以保障。在绩效管理的过程中，管理者往往忽略对员工的辅导与监督，缺乏有效的沟通，一方面导致员工遇到困难无人问津，孤立无援，丧失斗志；另一方面由于缺乏监督，使得一些员工对工作拖延散漫，效率不高，最后绩效低下。

在绩效考评及反馈阶段，一些管理者只开展绩效考评工作而缺少对绩效结果的及时反馈，使得员工对考核结果不服，同时由于管理者未通过反馈面谈帮助员工总结经验，分析不足，进而制定改进措施，使得员工绩效难以提升；管理者没有对绩效结果进行充分利用，考核结果被束之高阁，或者仅将其作为实施奖惩的依据，导致员工对绩效管理产生惧怕心理，有时还会对业绩优秀者产生抵触情绪和攻击行为，甚至造成管理者与员工之间的冲突与对立。这些错误的绩效管理行为，引起员工对绩效管理的不满，使其良好初衷和应有的作用被改变，不利于员工通过绩效管理过程提升能力、挖掘潜力，也不利于企业战略目标的高效实现。

如果管理者采用 5R 教练模型对员工进行绩效管理，与员工建立相互信任的教练关系，在各个阶段与员工进行 5R 式的教练沟通，启发员工思考，完善心智模式，帮助员工排除障碍，引导其挖掘潜能。这将避免传统绩效管理存在的问题，既制定了合理的绩效标准，又使员工体会到绩效管理的益处、组织的关怀，从而持续改进绩效，完成个人目标，最终实现组织目标。

3. 5R 教练模型在绩效管理各阶段的应用

管理者在绩效管理的每一个阶段都可以使用 5R 教练模型辅助管理。为了保证教练技术能更加有效地应用在绩效管理中，在实施该方法之前，企业应当对管理人员进行教练技术的培训，使管理者了解教练技术的发展，掌握教练的核心能力和技巧，使管理者领悟 5R 教练模型，并能够灵活应用于管理中，顺利地完成从领导向教练的角色转变。同时，这个培训过程也能够增加管理者对绩效管理的重视程度。

> **绩效计划制订阶段**

在制订绩效计划时，管理人员先要做好准备工作，根据组织的整体目标以及分解后本业务单位的工作目标和计划，对员工有一个目标期望，然后围绕这个目标期望与员工按照5R教练模型进行沟通。

1R：选择一个轻松舒适的环境作为此次绩效计划沟通的场所，管理者要放弃领导架子，将自己的角色调整为一名教练，与员工建立起相互信任的教练关系，为后续工作的开展奠定基础。2R：管理者通过有效的提问，引发员工客观深入地思考，帮助员工调整目标。3R：理解现状，此时员工已经意识到他的绩效目标还可以再高一些，但具体还能增长多少员工还很迷茫，就需要管理教练帮助员工厘清他的现实状况，确定符合现实情况的目标。4R：管理者通过主动的倾听和坦率的沟通帮助下属认清绩效实施过程中会遇到的困难，并启发下属找到可利用的资源和解决办法，制订有效的行动计划。5R：最后管理教练与员工就何时完成阶段性任务、如何对完成情况进行检查、何人检查等问题达成一致，明确相互问责的事宜。

应用5R教练模型制订的绩效计划，既符合组织的要求，实现了组织的战略目标，同时又是员工愿意接受的且经过努力可以实现的绩效计划，员工实施起来会更有动力。整个分析过程使员工不断挖掘个人潜质，意识到自己能力的可扩展性，有利于绩效水平的提升。

> 绩效管理的过程控制阶段

绩效计划制订完成后，还需要管理者对整个绩效计划的实施过程进行监督控制，履行 5R 问责义务。管理者要定期询问下属行动计划的进展情况，阶段性任务的完成情况。如果计划的完成情况良好，管理者应毫不吝啬地给予夸奖，和下属一同分享成功的喜悦，这样既可以增加员工的满意度，同时也是对员工的一种精神激励，会增强他们的工作动力。如果沟通发现员工的工作遇到了困难或者当前行动与最终目标出现了偏离，管理者就要采取 5R 教练模型中的 2R 调整目标、3R 厘清现实及困难、4R 找到对策来帮助员工排除障碍。

> 绩效考评与反馈阶段

绩效考评是绩效管理的关键，通过绩效考评可以对员工过去的绩效表现进行总结，发现问题和不足，进而找到改善绩效的途径，并为人力资源其他模块的工作提供依据。绩效考评的方法有很多，按照评估标准的类型可以划分为特征导向、行为导向和结果导向三类评估方法。各个企业可以根据自身情况选择一种或几种方法进行绩效考评。

绩效考评结束后一定要进行绩效反馈，这在绩效管理中起着至关重要的作用。如果未进行结果反馈，考评就失去了它提高绩效、激励员工和定向培训的功能，使绩效管理变得无足轻重。在绩效反馈中，绩效面谈是最常用的一种正式沟通方式，将 5R 教练模型应用在绩效面谈中，将使绩效反馈获得双赢的效果。

> 绩效考核结果应用

绩效考核结束后，企业要对绩效考核的结果加以应用才能发挥绩效管理的作用。目前绩效考核结果主要应用在绩效改进、薪酬奖金、员工职业生涯发展等方面。将采用5R教练模型得出的绩效考核结果作为奖金分配、职务晋升的依据，将增加员工的信服程度，对员工产生更大的激励作用。同时按照5R教练模型进行绩效管理，能使管理者更加了解员工的能力，此时依据绩效结果实行岗位轮换或岗位调配，能够做到人尽其才，才尽其用，使人与岗位更好地匹配，提高员工的积极性，激发员工的潜能，提升绩效。在这个过程中，员工和管理者能够清晰地认识到员工需要提升的地方，便于企业更有针对性地安排培训，提高培训效果。

因此，企业管理者要扮演好管理教练的角色，将5R教练模型灵活有效地应用在绩效管理中，使绩效管理真正发挥它的效用，促进员工发展，提高企业质量管理，增强企业核心竞争力，实现企业的战略目标。

11.6 如何规避绩效管理常见误区

目前，越来越多的企业开始实施绩效管理，或请管理咨询公司，或自己动手，基本上都有了绩效管理的概念，已成为众多企业和组织乐于尝试与实践的管理方法。但与此同时，似乎许多的企业都遇到了一个同样的问题，就是绩效管理的方案迟迟推行不下去，实施中的各种管理误区也如雨后春笋层出不穷并严重影响着管理效果，结果是企业花费了大量的时间和精力，却做了一堆的无用功，冷却了诸多管理者最初的管理热情，员工害怕，经理反感，人力资源管理部门伤透了脑筋。

绩效管理的常见误区主要有哪些？如何规避这些误区呢？

1. 把绩效考核与绩效管理画等号

这是绩效管理中最常见的一个误区。造成这一误区的主要原因是没有真正理解绩效管理的本义，没有将绩效管理视为一个系统，视为一项管理活动和管理过程。其实，绩效考核只是绩效管理的其中一个环节，而远非绩效管理的全部。绩效管理是管理者和员工持续进行双向沟通的过程，在这个过程中，作为管理者的直接上级和员工就绩效目标达成一致意见，并以此为导向，通过实施与辅导，帮助员工提高工作绩效，达成工作目标。如果认为绩效考核就是绩效管理，必然会忽视绩效沟通、绩效辅导、绩效反馈、结果应用等绩效管理环节的作用，偏离实施绩效管理的初衷，将大量时间和精力花在如何进行绩效考核上，实际上是舍本逐末、不得要义。

规避这一误区的有效方法是正确认识和理解绩效管理，在工作中强化绩效管理，弱化绩效考核，将绩效管理的关注点放在绩效目标设定、绩效实施辅导和绩效沟通面谈等几个对绩效有显著提升作用的关键环节上。

2. 绩效激励的过度使用

将绩效考评结果用于薪酬分配几乎是所有企业或组织的必然选

择，选取这种方式有两个优点：一是企业可以将部分刚性的人力成本转化为弹性人力成本，并将部分风险转嫁到员工身上；二是可以较好地消除员工的惰性，激励员工更加努力地工作。但采用绩效工资或绩效奖励作为员工激励方式也同时存在两个不足：一是物质激励手段的隐性成本很高，隐性成本往往很难观察和控制；二是当员工收入达到一定程度后，物质激励的边际效用会呈递减趋势。

规避这一误区的有效方法是适度使用绩效管理的激励作用，在应用绩效考评结果对员工进行物质激励的同时，结合使用培训培养、职务晋升、岗位调整等其他激励方式，以降低激励成本，获得更好的激励效果。

3. 量化考核的误用

不是所有工作都能量化，也不是所有的工作都适应量化考核，评价不等于考核，但在实践中很多企业或组织都将绩效考核等同于绩效评价。大多数企业对绩效管理的理解和使用均停留在考核上，其实这已经陷入了“绩效主义”的误区。将工作过程或输出按照一定的逻辑进行编码和量化，然后进行评价，这就是量化论者的核心主张，问题在于，在任何一个组织里，都有许多工作无法直接产生显性的、可观测的输出，如研发。但这些隐性、难以观测的工作又会对最终的业绩甚至是公司的存亡产生重大影响。因此，将绩效考核等同于绩效评价，会在企业里形成一种很坏的导向——工作表面化、员工管理机械化及员工行为的敷衍。

事实上，绩效考核只能对一些可量化的、由战略分解成的具体业务活动和管理活动进行考核。虽然可以通过绘制战略地图将绩效指标的设定与公司战略紧密结合，但在此之外，还有许多不易或无法量化的工作不应该也不适宜采取量化的方式。

规避这一误区的有效方法是使每位管理者都认识到，员工管理是企业管理的基础与核心，在员工管理中，许多工作如企业文化塑造、团队凝聚力强化、员工敬业度提升等均需要通过引导、培育、熏陶等潜移默化的方式去完成，而不是用简单、机械、量化的方式考核员工可以替代的。管理员工需要对很多管理指标和工作内容进行量化考核，但又不能完全依赖量化考核。绩效考核评价是方法，不是目的，且不是唯一的方法。

4. 错误分配绩效管理角色

许多推行绩效管理的企业或组织普遍认为，绩效管理是人力资源管理的一部分，绩效管理是人力资源部的事，应由人力资源部去做，一些总经理或领导只做一些关于实施绩效管理的指示，其余工作全部交人力资源部，做得不好就拿人力资源部是问，这类绩效管理角色分配上的错误认识导致绩效管理不能引起各级管理者的足够重视，也常是绩效管理得不到有效实施的重要原因。没错，人力资源部确实对绩效管理的有效实施负有责任，但绝不是完全责任，人力资源部在绩效管理实施中主要扮演流程、程序的制定者，工作表格的提供者和咨询顾问的角色，是否推行绩效管理则与人力资源部基本无关，推行的责任在企业的高层，绩效管理离开了高层管理者的支持、努力与肯定，人力资源部所做的一切绩效管理工作都等于零。

规避这一误区的有效方法是让企业或组织的高层领导者明确自己在绩效管理中的角色定位，高度重视、密切关注绩效管理的实施。在绩效管理推行过程中，高层的努力要一直贯穿始终，绩效管理系统完善、更新与进步的每一步都离不开最高管理者的关心和支持，直到绩效管理完全实施，最高管理层都不能做甩手掌柜。那些认为绩效管理是人力资源部的事情的管理者们应马上转变观念，亲力亲为，积极为人力资源部助阵呐喊，使自己成为推行绩效管理的坚定支持者，只有这样，绩效管理才能真正实施并在提升组织绩效中发挥作用。

5. 只要结果不问过程

绩效管理注重结果，但并不是不问过程和不关注过程。绩效管理要求各级管理者，在与员工一起制订了绩效计划、绩效目标并达成共识后，持续关注下属的绩效实施过程，并在下属绩效实施中不断关注实施进程，主动沟通并为下属提供积极的支持与辅导，以帮助下属如期实现绩效目标。只要绩效结果的管理不是真正意义上的绩效管理。对一些能力强又有工作主动性的下属来说，绩效目标确定后，主管上级也许确实可以放手让他们去尽情发挥。但对一些有积极性但能力欠缺、能力强但积极性不高、能力低积极性又低的下属来说，恐怕就不是授权放手就能解决问题了。特别是在危机环境中，主管上级更要耐心地、不厌其烦地帮助这三类员工找到实现目标的最佳行动方案，并和员工一起确定实现绩效目标的具体工作时间安排，必要时主管上级还应履行直接指挥、命令、监督、指导的职能，关注下属的工作过程，而不是简单的“秋后算账”。

规避这一误区的有效方法是让每位管理者都认识到，在绩效管理的完整闭环中，基于绩效结果的绩效评价仅是绩效管理的一个环节，做好这个环节的工作根本无法获得预期的绩效结果，想获得预期或比预期更好的绩效结果，便必须关注过程，实时跟踪和高度关注下属绩效实施的关键环节，未雨绸缪、及时发现并纠正下属绩效实施中的不当行为，随时为下属完成绩效目标提供帮助与支持，只有这样，获得预期的绩效结果才有保证。

绩效管理在实践中还会不断有各种误区产生并直接影响实施效果和管理效能，防止走入误区的最有效途径是正确理解绩效管理的理念，熟练掌握绩效管理的工具与方法，认真做好绩效管理过程中每个环节的工作，并结合实际，灵活应用，任何避重就轻、偷工减料的想法或行为都会直接影响绩效管理的实施效果与最终结果。

世上没有包治百病的良药，绩效管理也并非万能。在企业的经营与管理过程中，绩效管理体系的实施具有极为重要的战略意义。但现在许多企业仅仅是把绩效管理放有嘴上，而没有真正落实在行动中，对于绩效管理的理论和方法没有进行深刻的理解，导致走入了绩效管理的误区。

附录

绩效领导力 10 大疑难问题

企业为了提升组织活力，为了确保组织的持续与健康发展，绩效考核总是要的。但绩效管理是一个世界级的难题。高层痛苦，为什么绩效管理实施很多年了，绩效没有改善，人的积极性没有提升；中层痛苦，我们的生产任务与项目已经够忙了，绩效管理简直就是添堵、添乱；基层也痛苦，什么绩效管理，就是想多扣员工钱，想让员工多干活；最痛苦的是 HR 部门，他们被上面压着推行绩效管理，但又推不动。绩效管理最后变成了一场游戏、一种形式，大家都心知肚明地完完美美走过场，大家都不对绩效管理的最终成效负起责任。要做好绩效管理，首先需要解决三大战略困境。战略思维统一了，达成共识了，才能更好地解决技术问题。

【第 1 问】绩效考核如何让大家从心底认同?

企业在推行绩效管理方面面临的问题很多。其中的三大困境，排在第一位的，是没有正确理解绩效管理的战略属性，把绩效管理做成了一个战术工具、一个 HR 驱动的管理项目。如此这般，在推行绩效管理时，争论的焦点，总是围绕着这些问题：一是要不要强制性分布；二是末位在国企淘汰不了，绩效评价没有意义；三是绩效结果没有与薪酬挂钩，或者挂钩很少，考核没用；四是在国企，如何处理公平与效率的关系，到底是公平第一，还是效率第一？没有公平，哪来的效率？所有的这些问题，不站在战略的高度，不站在老板的高度，不理解绩效管理的战略意义，都是一个无解的方程式。

如何不把绩效管理做成绩效考核？如何让大家从战略高度上认同绩效管理、支持绩效管理？需要解决下面三个方面的问题。

第一，强制性分布也好，末位淘汰也好，绩效挂钩也好，都是要为战略服务的。一个可以学习的好案例，就是一汽的徐留平，他独自一人从长安北下一汽。新官上任的三把火如何烧？一个人如何推动一个庞大的、具有 60 年的老国企的变革？徐留平在战略上提出了一个中心思想，即一切要以“价值创造”为中心，在战术上，坚持“四能机制”，即干部要能上能下；人员要能进能出；工资能高能低；机构要能增能减。战略、战术清晰了，剩下的还需要一个抓手，帮助战略的执行与落地，那就是绩效管理体系。企业如何选贤用能？企业如何奖优罚劣？一切以业绩为中心，一切让业绩说了算，组织便有了变革的标准，团队便会有变革的动力，人员才会有变革的决心。乱世之下用重典，绩效管理和强制性分布成为最好的核武器。战略决策组织，组织决定流程，流程决定绩效。因此，在一汽，徐留平推行绩效管理，强调绩效导向，采用 244 的强制性分布，便成为一种战略上的不二选择。

第二，关于公平与效率，是国企的一个老大难问题。理性选择，大家都倾向于选择效率，但现实环境又不得不更多地考虑公平。对于操盘手来说，这确实不容易。例如，像一汽红旗这样的自主品牌，正处于坚难的爬坡期，实行效率第一，公平第二，就是最好的选择；对于发展中的企业，选择效率优先，兼顾公平，最有利于企业长期持续健康的发展；对于一些真正优秀的企业，如华为，其绩效理念更是直接，即效率优先，就是公平。华为的优秀，自有其优秀的道理。

第三，绩效管理是真正的一把手工程；绩效管理是为战略执行与落地服务的，是管理的一个抓手。事实上，推行绩效管理，是企业的一场深刻的变革，不仅动人钱财，还影响人的政治生命。因此，如何推动组织的变革，如何减少变革的阻力，如何统一人们的思想，是一项复杂的工程，是一个大项目。如何做好项目的启动、计划、执行与落地，需要专业人士的手法，需要做好绩效战略的宣导与培训，需要为团队提供相应的支持和服务，任何霸王硬上弓的指令、做法，任何简单粗暴的指标分派，都会让变革的步伐变得异常艰难，离绩效管理的初衷越来越远。

附图 -1　推行绩效管理

【第 2 问】如何做好战略分解，确保战略落地?

千斤重担众人挑，人人头上有指标。战略如何有效分解，是战略执行与落地的保障。

战略分解不到位，表现出来的典型现象，一是横不连，二是纵不通。所谓横不连，是指部门与部门之间的指标是孤立的、是各自为政的，缺乏相互之间的支持与配合，没有形成端到端的闭环管理。最后讽刺的是，每个部门、每一个人的工作都完成了，但公司的总体目标没有完成。此外，一些部门、一些工作没完成，项目没做好，大家总是会找出很多的外部原因与理由，认为是其他部门影响了自己的工作，而且证据确凿。比如，销售部门业绩不好，总是会说产品质量有问题；负责产品质量的生产部门，则会说研发部门有问题；研发部门当然也会一肚子苦水，说公司投入不够，开发要求高，进度又紧急。如此这般，一环套一环，搞得董事长最后也感觉很无奈。

所谓纵不通，是指集团层面的 KPI 指标很明确，但往下分解的时候，特别是到了职能部门，往往就没有指标可分了，于是把一些日常的、例行的、非战略性的工作，弄成了 KPI 指标，应付考核的要求。到年终，KPI 都完成了，得分甚至可能很高，但公司的战略没有实现。战略分解没有找到关键驱动要素，KPI 最终流于形式，大家看起来都很忙，有苦劳，但没有功劳，这便是纵向战略分解不够导致的必然结果。其根本原因：一是企业没有对绩效指标进行系统的管理，没有形成一张总体的作战地图，没有清晰地呈现出集团的每一个绩效指标，不知道如何与相关业务及职能部门相关联；二是直线业务经理不懂战略分解，不熟悉也不会运用专业工具，包括平衡计分卡，不知道如何找到关键的成功因素。目标的分解，大多停留在指标的简单分拆上面，只能机械地分解各种量化的指标。对于内部运营和学习成长方面，不知道如何分解，比如，在量化的原则要求下，培训的KPI考核，最后就变成了40个小时的学时数。战略没有由财务指标和客户指标继续往下分解，没有找到关键的成功要素，战略就不可能执行与落地。就结果要结果，最后总是得不到结果。于是，老板们困惑，团队也困惑，绩效管理怎么没有呢?

战略如何有效分解，需要加强下面的三项关键行动：

第一，描绘企业战略地图。部队将军打仗有作战地图，企业战略也应该有战略地图，这个工作无论如何强调都不过分。企业的战略地图，横向呈现的是各个业务单元与职能部门的指标；纵向呈现的是公司的一级指标库。通过纵横两条线，由此清晰地看到公司级的战略诉求是如何与每一个部门的业务相关联的；关联的属性可以分为三类：强关联、弱关联和无关联。

第二，运用平衡计分卡，做好结构化的分解。平衡计分卡是战略分解的一个有效的工具，从财务、客户、运营流程和学习成长四个维度，反映企业运作的规律，呈现企业经营的本质，如何从无形资产到有形资产，帮助企业做好战略分解。平衡计分卡有“三个一”，即一卡、一图和一表。借助这三个工具，最终帮助我们实现战略的分解，达成企业经营管理的五步路线图，即战略如何转化为目标；目标如何转化为计划；计划如何转化为行动；行动如何转化为结果；结果如何改进和提高。

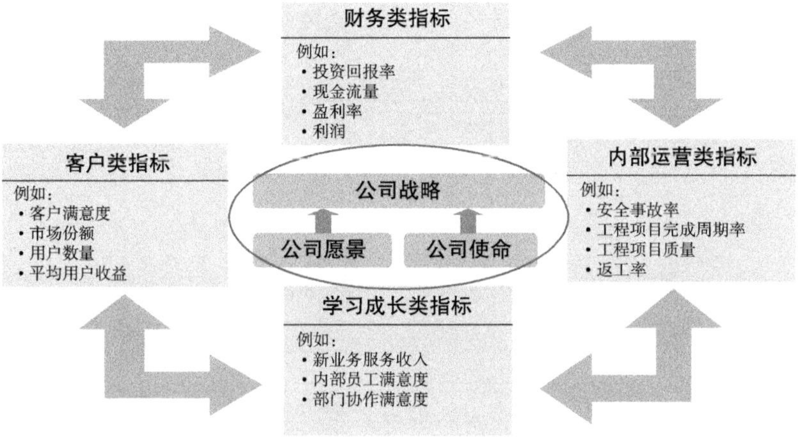

附图 -2　一卡：平衡计分卡及其四个维度

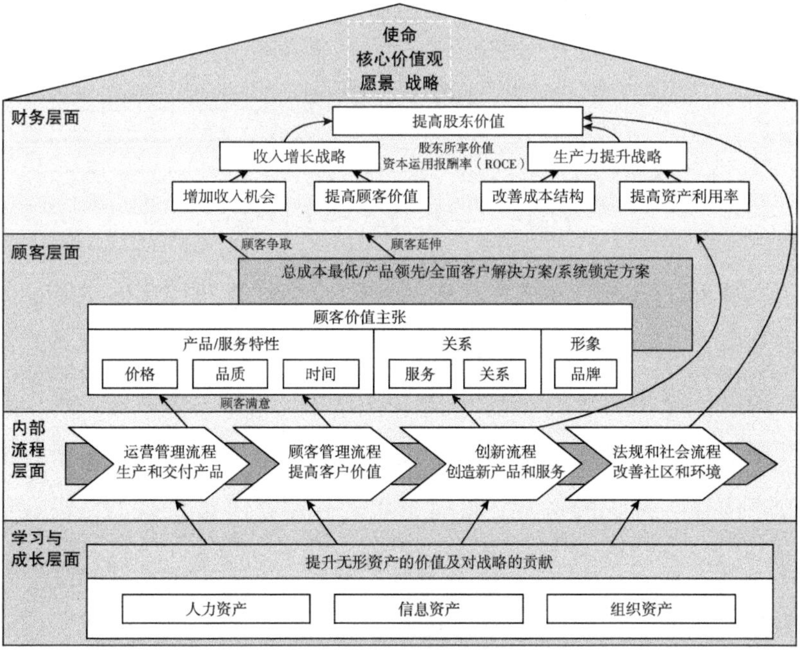

附图 -3　一图：战略地图

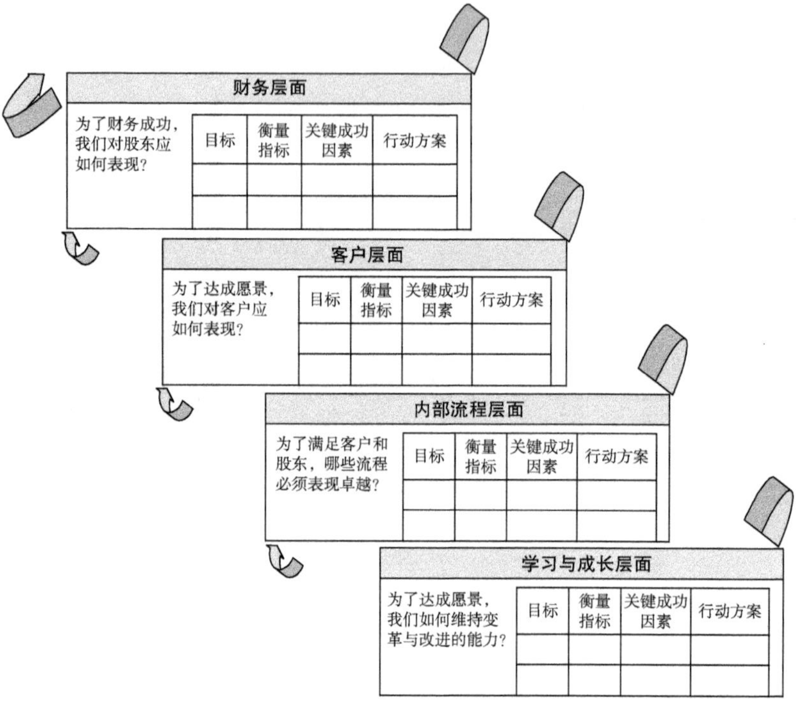

附图 -4　一表：行动计划表（模板）

第三，把战略分解当作中高管的一次最重要的团队活动。战略分解是老板的事情，是战略规划部的事情，也是所有业务和职能部门的事情，是大家每一个人的事情。战略分解活动，是中高管团队在一起的最好的团队建设，是最好的战略宣贯，是最好的战略沟通与共识的机会。没有宣贯的战略是不被重视的，没有经过讨论的战略边界是不清晰的，没有参与的战略是不被认同的。把战略分解当作团队的一次最重要的团队活动，是战略执行与落地的前提与保障。

【第 3 问】如何让直线经理重视绩效管理?

首先，直线业务经理处于战场的第一线，工作压力很大，往往把绩效管理做成了绩效考核，他们只重视业绩指标的达成，不关注过程的沟通与反馈，不知道如何辅导员工，不愿意投资时间帮助员工提升态度和能力，不懂得如何给员工和团队赋能。直线业务经理对下属、对团队，逼结果的多，促结果的少。如何从“逼”绩到“促”绩效，是直线业务经理的一道坎。

其次，直线业务经理没有经过专业的绩效管理培训，往往是被赶鸭子上架，不懂绩效管理，不会做绩效管理，把绩效管理的工具，如 KPI 的设定，强制性分布和末位淘汰，以及绩效结果的应用，做成绩效管理的目的。绩效管理的初衷是要激发员工和团队的积极性，要让每一个人都成为最好的自己。德鲁克老先生早在 1954 年的《管理的实践》中提出的目标管理，其初衷不是管控、不是上级给下级设定目标，而是让下级参与目标的制定，让下级真正拥有主人翁精神，激发下属的积极性和创造性。考核不当、方法不当、流程不当，沟通和辅导不当，最后不但不能激发员工，反而会反其道而行之，打击员工的积极性，与绩效管理的初衷背道而驰。

如何帮助直线业务经理做好绩效管理工作，需要如下的“三板斧”：

第一，加强绩效管理的培训，让直线业务经理了解绩效管理的战略、目的与意义，从内心深处认同绩效管理的价值与意义。宁可平时训练受点伤，总比在战场上牺牲强。

第二，帮助业务经理提升绩效领导力方面的素质与能力，让他们成为绩效管理专家，帮助公司做好战略的分解与执行。直线业务经理需要做好三大转型，其一，从绩效考核到绩效管理；其二，从绩效管理到绩效领导；其三，从绩效领导到绩效战略。

第三，帮助直线业务经理加强绩效领导的能力，特别是如何做好绩效的沟通、反馈、辅导和激励，如何做好团队的绩效教练。没有这些能力的支撑，绩效管理就会演变为一场生硬的绩效考核。通过一段时间的运行，绩效管理，事实上，会作为一个抓手，倒逼业务经理的成长和公司管理体系的完善。

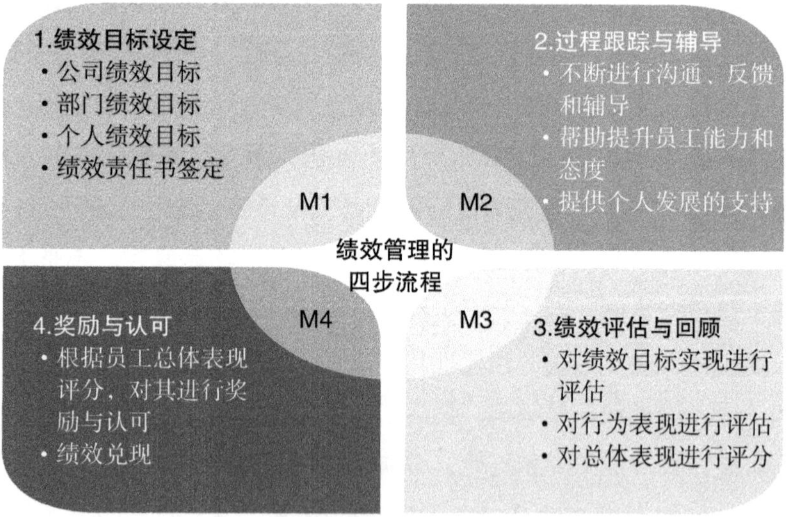

附图-5　绩效管理的四步流程

结语：

绩效管理首先是一种战略，其次是一种战术。绩效管理作为战略执行与落地的一个抓手，首先需要解决上下共识的问题、从内心深处认同的问题。战略的问题不解决，战术玩得越精细，带来的问题越多。

【第 4 问】不好量化的工作如何考核和量化？

大型制造企业的一个特点，就是组织机构庞大，相关辅助部门与机构众多，从生产、研发到质保，还有党政工团，很多的工作，都不太好量化。比如，质量部门的质量改进工作，如何量化？纪委监察的工作如何量化？战略规划部门的工作如何量化？培训部门的工作如何量化？教条地要求部门的 KPI 必须量化，导致很多貌似量化但却不合理的量化指标，指标虽然量化了，但价值却不大，最终为了量化而量化，KPI 指标最后流于形式。一个经典的案例，如战略规划部，设定的 KPI 是一年中给老板提交了多少报告；再如培训部，人均培训学时要达到 40 个小时数。显然，这样的量化指标价值是有限的。此外，还有一些考核，如责任心、积极性、客户意识和创新等这样的素质与能力，也是不好量化的。比如，一家著名的德系发动机公司，对中层领导干部有 13 项评价指标，其中包括个性品质、专业知识与技能、逻辑思维能力、创新能力、与上级的沟通能力和客户服务意识等指标，这些指标如何量化评价和考核？这是绩效管理中常常困扰企业高管的一个难题。

对于不好量化的工作如何考核，目前有三个解决方案。一是通过关键成功因素法进行转化，对其进行间接的量化。比如，组织能力的提升，这项工作就不太好量化，影响组织能力的因素有众多，但现阶段的主要矛盾，其关键成功要素是领导梯队人才的培养，因此，我们可以通过梯队人才培养的数量和领导力培养项目的数量来进行量化考核。当然，组织能力的提升，不只这两个 KPI 指标，随着公司的发展，每一年会有不同的要求。KPI 一定不是僵化不变的，而是根据实际情况并配合战略的需要不断地调整和更新。

定性能力指标	表现级等				Overall
	优秀(4)	良好(3)	一般(2)	较差(1)	
• 战略领导			✓		2
• 实施能力			✓		2
• 专业能力		✓			3
• 沟通技巧			✓		2
• 人员培养		✓			3
• 价值观			✓		

附图 -6　示例：定性业绩评估

二是对于一些不好量化的事情，特别是涉及人的态度和行为方面的，如积极主动，可以采用五分量表的形式，从行为和结果两个方面，对其进行一个主观的量化评价。

通过对结果与过程的目标设定，即目标投定的方式，我们可以对一些不好量化的工作进行量化的评价。例如，针对一份大客户需求报告，就可以采用如下的方式，进行定量打分。事实上，很多不好量化的工作，其基本原则就是，能量化的量化，不能量化的行为具体化，不能量化的项目化。例如，客户满意度也好，培训效果评估也好，都是通过这样的方式完成的。

定性工作目标	90–100分 非常满意5	75–90分 满意4	60–75分 不满意3	40–60分 非常不满意2	0 警告处分1
大客户需求报告	按时完成，按模板制作，数据图表翔实，对部门决策起决定作用	按时完成，按模板完成，数据图表不完整，对部门决策有价值	没有按时完成，按模板制作，数据图表完整，对部门决策有价值	没有按时完成，没有用模板，数据不完整，没有提供价值，影响部门决策	没有提交

样本

附图 -7　大客户需求报告五分量表

三是很多不好量化的工作，如公司的很多专项活动，事实上，都是一个一个的项目。例如，不论是质量提升活动，还是年度创新工作，都是由几个具体的项目构成的。项目化的工作，早已有一套成熟的考核体系，按照项目方式进行评价即可。

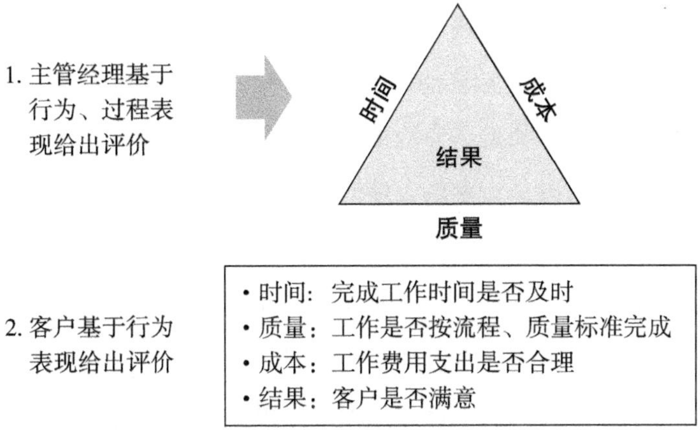

附图 -8　一般性行政任务与项目化工作目标的分解

一般来讲，项目的评价往往从四个方面进行，遵循下面的4321法则。

其中的“4”是指四个维度，即质量、数量、时间与成本四个维度。通过这四个维度，我们可以挖掘出多方面的评价指标，它们包括：

数量维度：产量、次数、频率、销售额、利润率、客户保持率等；

质量维度：准确性、满意度、通过率、达标率、创新性、投诉率等；

成本维度：成本节约率、投资回报率、折旧率、费用控制率等；

时间维度：期限、天数、及时性、推出新产品周期、服务时间等。

其中“3”指的是三步流程，即能量化的尽量量化；不能量化的尽量细化；不能细化的尽量流程化。比如，提高质量管理水平，就属于能量化的要尽量量化，我们可以用客户投诉率作为提高质量管理水平的一个量化的指标；对于办公室主任的工作，就属于不太好量化，但却是可以细化的，我们可以详细列出办公室主任的主要工作职责，然后再进一步量化。例如，办公室主任的一项职责是协调各部门同公司领导的沟通和汇报工作，上级、下级当事人的满意度，就可以作为一项考核指标；对于会计、出纳，以及培训专员等岗位，他们的工作特点是专一的、明确的，既可以用一些量化的指标来考核，也可以从流程的角度对其进行把控。比如，会计报税有一套流程，要求其按照流程规范准时报税，不要出差错；工资核算有一套流程，我们可以对其流程上的关键节点，如准时发放工资，进行考核。但是，有一点需要指出的是，区分一名好会计与不好的会计，绝不是准时发放工资，一定还有更重要的工作。

其中的“2”指的是二个方面，一看行动，二看结果。结果指的是，实现目标后，最终期望的结果是什么？行动指的是，要达成目标，需要采取哪些行动？比如，“加大管理力度”，我们可以从行动的方面进行分析，大家需要做什么？事实上，我们可以采取的行动有很多，如加强上下级的沟通，明确主管与下属的绩效沟通与面谈的次数；也可以通过加强培训的方式，让人们接受新的管理思想与流程，因此，管理培训的次数、质量便可以作为考核的指标；提升管理力度，也可以是强化绩效管理工作，加强绩效的过程管理。这样，“加大管理力度”，事实上可以拆分出很多考核指标。

最后的“1”指的是一个原则，即 SMART 原则。SMART 是目标设置的一个重要原则，也是检查目标的基准。SMART 是由五个英文字母的缩写构成：S：（Specific）明确的；M：（Measurable）可衡量的；A：（Achievable）可达到的；R：（Relevant）关联的；T：（TimeBound）有时间表的。当目标设置后，就要用 SMART 来检查一下，看是否是真正的目标。

Specific（明确的）	• 以动作开始 • 指定你将完成的结果
Measurable（可衡量的）	• 从成本、时间、数量、质量方面综合考核
Achievable（可达到的）	• 考虑挑战性及目前现状
Relevant（关联的）	• 确认目标与上司、部门以及公司的目标一致
Time Bound（有时间表的）	• 指定完成的日期 • 确定进度检查周期

附图 -9　如何定义一个清晰的目标：SMART 原则

总之，如何对不好量化的工作进行考核和量化，确实是一项专业的技术工作，有一定的难度。对直线经理进行专题培训，是解决这一方面问题的根本出路。没有培训好的员工，是企业最大的成本；没有培训好的管理者，一定会给公司制造更多的管理成本。最可怕的是，人们看到的往往是直接成本，对于其中的机会成本、隐性成本，却看不见。

【第5问】年初设定KPI指标不能完成该咋办?

计划一旦制定出来，就是一个静止的甚至僵化的东西。现实的工作，计划总是赶不上变化。年初设定的绩效目标，由于环境的变化，由于客户需求的变化，原来计划的一些项目工作可能需要停止，甚至取消；一些新的项目工作也可能需要加入；公司领导换了，机构调整了，战略的方向、工作的内容和任务，以及优先级，也可能发生变化。年初设定的KPI，如何公平地考核？要不要调整？如何调整？

大型生产制造企业面临两个方面的现实困难。一方面，为了体现年度计划目标的严肃性，集团给予下属成员单位与子公司的绩效目标都是刚性的，打一个通俗的比喻，就叫作外面的红旗飘飘，但家里的红旗不能倒；另一方面，由于主机生产制造企业的强计划性和重资产的投资行为，以及上游、下游产业链的约束，目标的调整不仅是一件极为复杂的事情，同时也涉及众多干系人的利益，因此，不到万不得已，不会为了某个部门、某个人的绩效指标的公平性，做出相应的目标调整，这实际上就是一种丢卒保车的无奈之举，其本质是不希望为了绩效管理工作的公平，而影响大局。如何既要体现目标的刚性与严肃性，同时还要兼顾环境的变化，成为企业绩效管理的一个现实难题。在日本的丰田体系，他们的生产计划，实行的就是所谓的滚动计划，即一个季度会做一次调整。当然，这是指组织目标。

对于个人绩效而言，如何解决外部环境的影响问题，我们可以向项目管理体系学习。

绩效管理涉及组织绩效与个人绩效两个方面。对于全员的个人绩效而言，我们可以应用项目管理的方法。在项目管理中，有一个重要的流程叫作项目变更管理流程。在绩效管理中，也应该有一个绩效变更流程。当环境发生重大变化，影响员工的绩效目标时，下属可以提出申请，直线上级领导需要做一个评估。如果影响较大，需要上下级之间对目标与任务进行调整，做一次绩效面谈，设定新的 KPI，包括调整相应的权重，如同年初一样，双方要就调整后的绩效目标及评估标准再度达成共识。如果影响不大，变更没有批准，就意味着要当事人发挥个人的主观能动性，制定有效的行动措施，想方设法消除外部环境的影响。如果需要资源的支持，也可以向上级申请。

绩效管理就应该是这样的一个动态的管理过程。这也就是所谓的滚动计划。正常情况下，一个季度可以做一次调整，至少半年应该做一次。总之，绩效管理是为战略服务的，战略需要变化，绩效目标也需要调整，不能把它做简单了、做官僚了，其结果就会偏离绩效管理的初衷，为了考核而考核。当然，动态管理的背后，对一线业务经理的要求更高了，工作任务也加重了。这一点，HR往往对直线经理的培训和要求不够，流程设计上要么没有考虑到这一点，或者考虑到了，但没有坚定地去执行。下图是一个典型的变革管理流程，供参考。

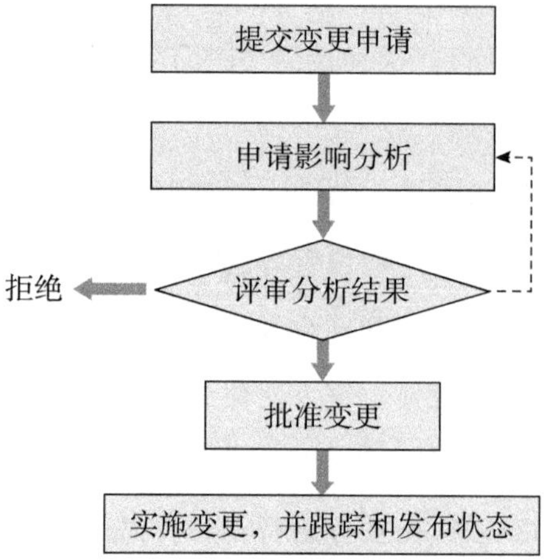

附图－10　典型的变更管理流程

【第6问】如何应对上级领导强压的高目标?

无论是在国企、民企或是世界500强，都会有一些强势的老板，由于市场的压力，客户的合同约束，给下属下达一些极具挑战性的高目标和难以完成的任务。下级如何应对这样的情景，确实是一项考验。事实上，抱怨目标不科学、目标不合理、目标不可行，是绩效管理中下级对上级领导抱怨最多的三宗罪。

对于上级强压的高目标，发现有如下三种应对方式，典型的中国式权谋：

第一，与老板讨价还价，期待降低目标。比如，上级要求下级完成 1000 万元的销售目标，下级说只能完成 800 万元，双方讨价还价，最后定格在 900 万元。这是极具中国特色的目标设定法。

第二，与老板讨价还价，如果目标不能调整，就向老板要资源；

第三，为讨老板喜欢，年初大包大揽，但到年底总是找各种原因和借口。流行的一个“三拍”策略是，年初拍脑袋，盲目承接目标；年中拍胸脯，向老板打包票；年末目标没有完成，就拍屁股，一走了之。

如何应对上级设定的高目标，需要从老板和下属两个方面来解决。

第一，对于老板而言，首先要把目标背后的战略诉求与意义，如实地与下属沟通清楚，从而激发下属的意愿，提供所需的资源，鼓励下属勇于承接具有挑战性的指标。梯阶激励机制的设计，是激励下属愿意承接高目标的一个有效方式。

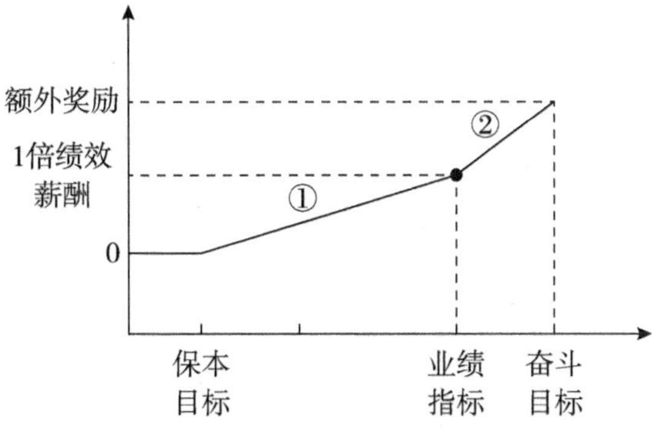

附图 –11　标杆学习：联想如何鼓励员工承接挑战性的目标

第二，多一点坦诚，少一点权谋。两千多年的文化传承使中国人学会了一种智慧，深知下面的机制：求其上，得其中；求其中，得其下；求其下，得其无。本来期待800万元的销售额，老板一定会首先抬高目标，压着下面完成1000万元，给自己留下余地。当然，下属也一样，他们如法炮制，层层下压，经过三四个层级，最后到了下面的执行层，就变成了1500万元，一个真正不能完成的目标任务。老板心里明白，下属心里也明白，彼此心照不宣，心知肚明，一个“阴谋”套着另外一个阴谋，皇帝的新衣总是没有人愿意去揭穿。最后破坏的不仅是组织的文化，也是领导的威信。

第三，对于下属而言，真正的职业经理人，对待上级的高目标，首先，在态度上要表达认同，表明愿意同老板穿一条裤子，愿意为老板扛事、扛指标，这样的下属才是好下属，全世界都一样。其次，要做资源上的需求评估，做技术可行性分析。要用事实和数据，同老板探讨资源的差距，请求老板的帮助，而不是对目标进行讨价还价。一般来讲，老板还是讲道理的，他们并不糊涂，在事实与数据面前，问题往往都能得到化解。当然，如果出现另外一种极端情况，怎么办？即老板的目标不能改，老板说，要人没有，要钱没有，要命一条。在这种情况下，怎么办？很多人说，既然老板不讲理，那就只能选择放弃了，辞职走人。如今的社会，每一个人都是自由的，选择辞职，什么时候都可以，我们把它放到最后一个选项。

面对不可能完成的目标，除了辞职以外，还有什么其他的选择吗？只有是选择拼博，选择拼命，绝不轻言放弃，一定要尽自己最大的努力，拼出一个结果。拼命的结果有两种，一是目标实现，苦命人成为真英雄；二是拼尽吃奶的力气，但最后仍是无功而返，光荣成为烈士。无论是哪一种情况，职业经理人的职责都尽到了，使命也完成了。一般说来，当下属展现出全力以赴的态度和全力冲刺的行为时，老板是有感觉的，如果还是达不成目标，老板在过程中，往往会对高目标做出相应的调整。全世界的老板都一样，在没有看到你真正尽力之前，是不会轻易调整目标的。作为一个职业经理人，要明白下面的道理：目标不是用来讨价还价的，目标是用来选人、用人的；目标不是用来讨价还价的，目标是用来激发和创新的。穿老鞋，走老路，永远只能按平均速度发展，永远不可能成为第一名。高目标的背后，其实考验的是人，是人的勇气和决心，是人的创新能力！

为什么目标是用来选人、用人的呢？那是因为我们大家都知道，穿老鞋，走老路，用老的方法，目标不一定能完成。要完成高目标，需要穿新鞋，走新路，运用创新思维，打破思维上的限制和资源上的约束，才能完成看似不可能完成的目标。好的人才就是这样脱颖而出的。

【第 7 问】职能部门如何考核设置 KPI 指标?

在绩效管理中，最不好考核的就是职能管理部门。但是，从绩效管理的战略来讲，越是不好考核的部门，越需要考核；越是不好量化的工作，越需要量化。管理部门的工作繁杂、琐碎，最忌行政化，最怕的是苦劳很多，却没有一点功劳。管理部门的工作，如何将考核指向战略，聚焦战略，为公司战略服务，为公司业务服务，为组织能力提升服务，是职能部门绩效考核的重中之重。

例如，对于人力资源部，某公司的一个考核指标是人才流失率，因为公司的要求是指标一定要量化。为了量化而量化，设定类似这样的指标，例子不胜枚举。人才流失确实是与人力资源部相关的量化考核指标，但是人才流失率不仅与人力资源部的工作有关，还与业务部门和组织的其他众多因素有关。从公司的角度来看，要减少人才流失的问题，对人力资源而言，更有价值的工作是要做好公司的人才盘点与人才发展方面的工作。人才盘点做好了，人才发展也就会更有针对性。相对于考核人才流失率，聚焦人才盘点与人才发展显得更加积极主动，因为人才流失率是一个结果性的指标、一个滞后性的指标，并不能直接驱动人力资源工作。因此，对人力资源部的考核，选择人才盘点和人才发展作为年度工作重点，比考核人才流失率，更具战略意义，也是更好的 KPI 考核指标。

人才盘点和人才发展如何考核？指标如何量化？我们可以把这项工作当作一个项目，用项目的管理方式，通过明确项目的目标与范围，在 TQCS 四个维度方面进行考核和量化。

再举一个案例。某公司年度战略之一是强调创新，对技术开发部设定的一个 KPI 指标是专利申报数量。一个看似量化得很好的 KPI 指标，并不具有战略驱动意义。事实上，对公司而言，公司的战略诉求是提升组织的创新意识和创新能力，制定一套创新的流程与规范。那么，这项工作又如何考核和量化呢？同样，我们可以把它当作一个项目，从 TQCS 四个维度方面进行考核和量化。

总之，对于职能部门的考核，不要为了量化而量化。事实上，公司的战略是通过一个又一个的项目落地的，考核项目化，比简单的量化指标更有价值、更具战略意义。考核一定要为战略服务，为价值产出服务，而不要为了量化而量化，为了考核而考核。

如何设定一个好的 KPI？有什么样的规律？下面的七大原则，可供参考。

1. 是否对战略的贡献度关联大？
2. 是否与责任人工作强相关？
3. 是否具有挑战性、可控性？
4. 是否双方已经充分协商，明确了责权利？
5. 是否可以量化？不可量化的细化、项目化？
6. 是否有可靠的数据来源？
7. 下属是否能得到激发和激励？

附图 -12　筛选关键指标的七大原则

除了上面讲到的问题，就职能部门而言，还有一个难题，就是很多考核指标都是综合性的，不是一个部门所能承担得起的。例如，质量部门的一个常见指标，就是产品缺陷率，或客户投诉率。这显然是一个综合性的指标，不是质量部门一个部门的事情，它还涉及公司的方方面面。我们知道，产品缺陷率不仅与质量部门的工作有关，也与研发、生产、采购等其他部门密切相关。那么，公司可不可以把这一指标交给质量部门？质量部门要不要承接这一个指标？考核质量部门这样一个综合性的指标公平不公平呢？

在回答这个问题之前，我们需要了解公司 KPI 体系的分层设置。公司有一级 KPI 指标、二级 KPI 指标和三级 KPI 指标。质量部门是要对公司负责的，其承接的质量指标，需要做进一步的分解，把研发、生产、采购等部门需要配合的工作也纳入进来，把质量提升活动当作一个项目去推广和落实。总之，公司可以把产品率和客户投诉率这样的绩效指标交给质量部，质量部要对最后的结果、对公司、对老板负责，但并不意味着所有的工作都是由质量部门去完成，质量部所扮演的角色，是这个专项工作的发起人和项目经理单位，要驱动项目的全面工作，对项目最后的交付成果负责。

【第8问】如何找到KSF（关键成功因素）？

有很多专业人士说，做BSC容易，但找KSF难，这句话一点儿都不假。企业战略执行与落地的全部学问，就是如何找到KSF，即关键成功要素。古希腊物理学家阿基米德发明了杠杆定律，他有一句名言：给我一个支点，我就能撬起地球。对于企业战略而言，如果我们找到了关键成功因素，企业就能成功。

战略的分解，从纵向来看，涉及五个方面，即战略如何转化为目标、目标如何转化为计划、计划如何转化为行动、行动如何转化为结果、结果如何改进提高。影响一个目标与结果的达成，涉及的因素有很多。那么，哪些是关键的因素，哪些不是关键的因素，如何把有限的资源投入关键的行动中去，对公司的成功至关重要。用华为任正非的话说，就是永远不要在非战略机会点上消耗战略力量。所谓关键成功因素，本质上是要寻找和发现其中的因果规律，找到影响目标达成的20/80要素，以便我们更好地全力以赴，做好资源的投入。

如何找到关键成功要素，有两种基本方法。一是眼睛向外，对标行业标杆，向优秀企业学习。看看人家是怎么做的，我们也这么做，这是一种典型的跟随战略。二是眼睛向内，学习管理理论，利用各种专业工具，进行目标分解。其中，在目标分解方面，最重要的一个工具，就是哈佛大学卡普兰和诺顿教授发明的 BSC 平衡计分卡。平衡计分卡的三个重要工具是，一卡（平衡计分卡），一图（战略地图）和一表（行动计划表）。

平衡计分卡的战略意义，首先是帮助我们构建了一套目标体系，让我们认识到，企业经营不仅要重视财务指标，还要重视客户、内部运营和学习成长三个维度。企业经营的本质，是一个从无到有的过程，一个从无形资产到有形资产的过程，一个从人到事的过程。其次是四大财务目标、四大客户战略、四大内部运营流程和三大无形资产，也是一个完美的战略分解框架，形成一张完美的战略地图，帮助企业按图索骥，找到关键成功要素。很多优秀的企业，他们常常利用平衡计分卡这个工具，让中高管团队在一起做战略设计和战略分解。这是最好的战略共识的机会，也是最好的团队建设活动。

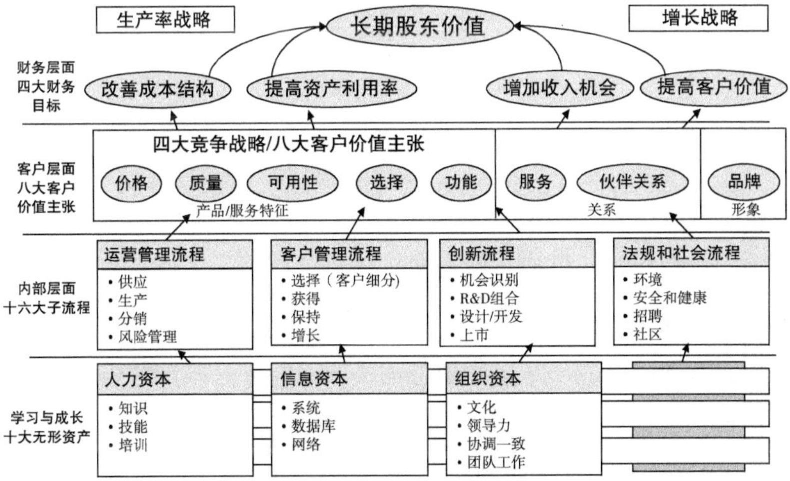

附图 -13　企业战略地图的规划与关键成功要素

除了上面讲到的平衡计分卡，在战略分解方面，在国内还有一个广泛应用的工具，即华为的业务战略模型 BLM（Business Leadership Model）。华为作为中国最优秀的企业，其年度经营战略与计划，运用的就是这样一套方法论。华为的经验，如何做到力出一孔、利出一孔，确保战略的执行与落地，首先需要解决的是统一的思想、统一的框架、统一的语言和统一的行动。BLM 成为华为战略执行与落地的机制保障。

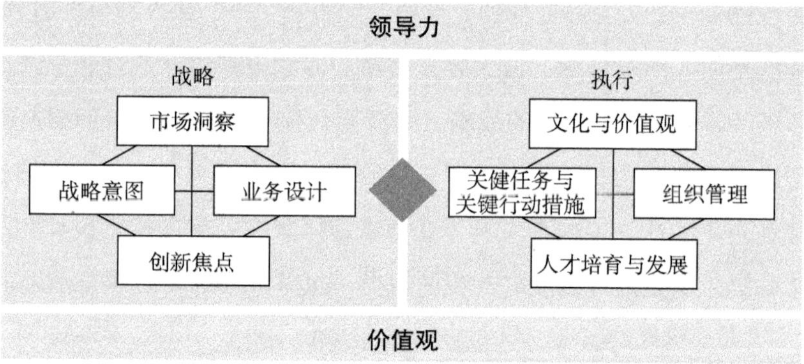

附图 –14　华为战略规划与战略执行 BLM 模型

战略分解，首先需要先有战略。有了战略，然后才能做战略分解。华为 BLM 体系最有价值的一个地方，就是把战略设计与战略执行结合在一起，形成一套有机的体系。战略不能没有执行，执行不能没有战略。

战略开始于四个维度的思考与决策，首先是眼睛向外，做好市场洞察，发现机会在哪里；其次是眼睛向内，回答我们如何抓住机会；然后聚焦产品与业务设计。

在产品与业务设计方面，要回答如何创新与创造，如何与众不同，如何打败竞争对手。

在战略执行与落地方面，BLM 提出了四个关键成功要素：一是战略目标与行动措施；二是确保目标与措施落地的组织体系保障；三是达成目标所需的人才与能力；四是确保组织能力所需要的文化与价值观。这四个方面做好了，战略执行与落地便是一件自然而然的事情。

结论：如何做好战略分解，找到关键成功要素，有两个重要工具可以学习和应用：一是 BSC，二是 BLM。当然，学习工具是一回事，并不意味着就能马到成功。如何融会贯通，还需要我们在实践中不断精进。

【第 9 问】科学与合理指标的边界在哪里？

从人性的角度，老板总想给员工设一个高目标，压多一点儿的工作和任务；员工则总想给自己定一个低目标，让工作能够轻松地完成。工资多，活儿少，离家近，成为新新人类的共同目标。

在目标制定方面，有一个著名的“三做”理论，即“想做”“能做”和“要做”，为新新人类的需求提供了一个理论基础。“想做”的意思是指个人的意愿；“能做”的意思是指个人的能力与资源保障；“要做”的意思则是指公司的战略，是公司的需求。那么，一个合理的目标指的是什么呢？就是那个交叉重叠的部分。

“三做”理论在逻辑上看起来绝对是完美的，但在实践中，我们却不能这样来设定目标。设想一个老板、一家公司，如果这样设定目标，会发生什么？答案只有一个，目标确实可行了，但公司恐怕必死无疑。

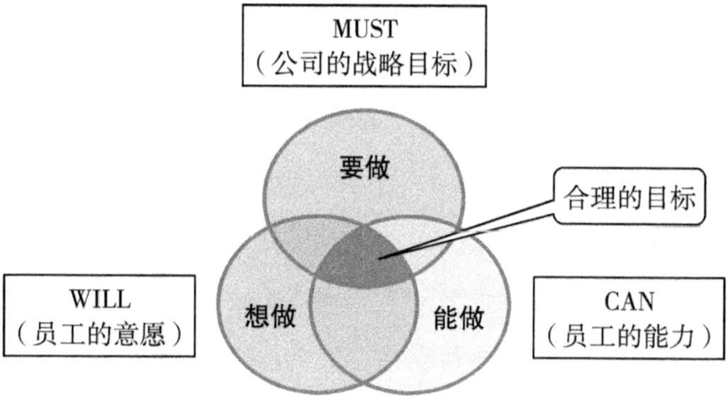

附图－15　年度目标制定的“三做”理论

如何解决上面的问题？如何为下属设定一个科学的、合理的目标呢？下面是一些实用的方法论。

如何做好目标的设定，通常有三种技术方法论。

第一种与自己对标，基于过去三年的平均历史发展数据，做出新的目标。

第二种与行业对标，基于行业的平均发展水平，或者与行业的前三名进行对标。

最有意思的是第三种，其目标的设定，是基于公司的战略，基于老板的梦想。换句话说，目标的高低，与公司的历史无关，与行业的发展无关，而只与老板的愿景、老板的梦想有关。显然，如今的人们，不会再相信人有多大胆，地有多大产的思想。但是，具有讽刺意味的是，如果我们回顾一下历史，中国众多优秀公司的发展，无一例外，却是遵循这样的发展轨迹。华为也好，联想也好，阿里巴巴也好，如果他们按照“三做”的理论，如果他们按照历史的数据，如果他们对标行业，那么，无论如何，他们也不可能发展到今天，成就不了今天这样的宏图伟业。

于是我们要问，目标的设定到底有没有科学性的、合理的边界呢？陈春花老师说，目标绝对是不合理的，但是行动必须合理，因为目标的设定，永远是对未来的一种预判，没有人能够预测准确。目标的意义，就在于牵引的作用。在本质上，目标不是用来实现的，而是用来超越的。对于企业家而言，在战略上，最需要的是一种敢想、敢干的精神。人才也好，资源也好，可以不为我所有，但却可以为我所用。

我见过一些优秀的企业家，他们在做目标计划的时候，表现得非常强势，一下子就把目标加倍，去年的销售额是 10 亿元，今年就提高到 20 亿元，然后让团队开动脑筋，群策群力，通过沙盘模拟的方式，回答客户从哪里来、产品从哪里来、人才团队从哪里来。团队优先讨论的，不是目标的可行性，而是达成目标的路径与方法，最后再来检讨资源的差距。目标是不可以谈判的，但资源却可以。不讨论目标的背后，是一种发散的思维，是一种以市场为中心、以客户为中心的战略意志。以现有的资源为出发点，做逻辑的推演，给多少资源、多少人，做多大的事业，则是一种收敛的思维。前者是企业家的做事方式，一种想干事的人的态度；后者是工程师的做事方式，一种职业经理人的典型工作态度。好的目标设定，在战略上，首先要解决敢想的问题。如果连想都不敢想，那就只能选择平庸，选择永远追随。

当然，战略上的梦想家还需要实干家去把它落地。在战略如何转化为执行的过程中，如何设定一个科学、合理的目标，我们还需要一种实事求是的科学态度，做好资源与能力的匹配。如何做好技术可行性，我们可以参照下面的正态分布曲线中所示的 20/80 原则来制订执行计划。

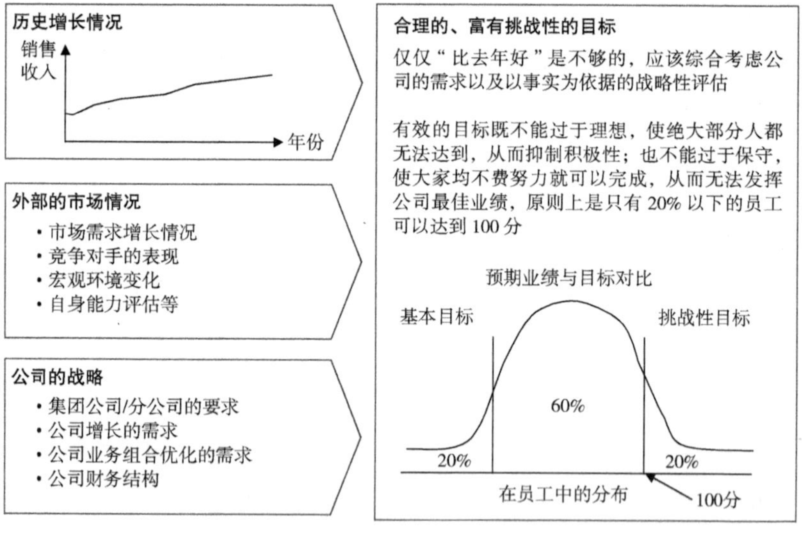

附图 -16　设置合理的目标时应综合考虑三方面因素

目标分为基本目标和挑战性目标两种。从考核的角度来看，员工的基本目标设多高才合适呢？所谓基本目标，其标准是，在正常情况下，80% 的人都能够达成。那么，挑战性目标又是什么呢？所谓挑战性目标，其标准是，在正常情况下，80% 的人都不能够达成。

有了这样的一个标准，借用这样的一个坐标系，如何设定绩效目标，便有了一个科学的参照系。需要提醒的是，对于这里的 20/80 法则，适用的是一个稳定发展中的企业。对于创业中的企业和变革中的企业，并不是一个好的选择。

如何制定目标？你是选择左边的方法论，还是右边的方法论，这首先就是一种选择。你选择什么，你就会成为什么。

【第 10 问】如何做强制性分布与末位淘汰？

绩效管理中，直线经理最不喜欢做的事情，排在第一位的，当数强制性分布和末位淘汰。其中的理由，有如下几个方面：一是团队的表现都不错，为什么非要把团队分成三六九等；二是大家的岗位和工作性质不一样，不能区分出谁好谁坏；三是实施了强制性分布，但是末位不能淘汰，特别是在大国企，最后的强制性分布，不但不能激发团队，反过来还会影响团队。总之，强制性的分布与末位淘汰制度，其结果是弊大于利。事情真的是这样的吗？

团队要不要做强制性的绩效分布？让我们来看一看中国最优秀企业的实践。华为也好，阿里巴巴也好，都是这一制度的实践者。优秀自有优秀的道理，他们的做法，值得学习。企业不是一个慈善机构，不能吃大锅饭。如何让人多劳多得，如何真正做到奖优罚劣，如何让雷峰不吃亏，如何让战略更好地执行与落地，都需要一种机制的保障。直线业务经理，带团队的领导，有责任、有义务，要对团队成员的价值创造、价值评价和价值分配承担责任，无论喜欢也好，不喜欢也好，把团队成员分出三六九等，是对公司负责，是对团队负责，是对他人负责，也是对自己负责。不评价或甚至害怕评价是一回事，至于怎么评价得更科学和更准确，则是另外一回事。

如何对团队成员进行绩效评价，方式有很多，下面图示中列有七种方法，模糊评价法、问题事件法、关键事件法、360度反馈法、配对排序法、强行排队法和KPI打分法，这些都是实践中用到的。

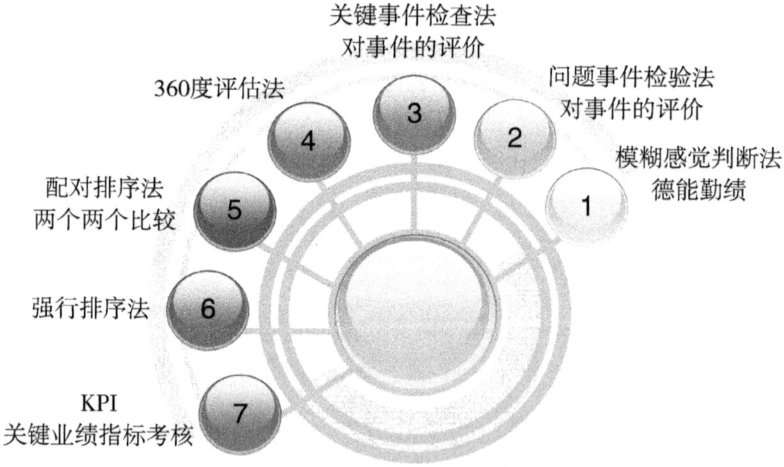

附图－17　绩效管理常用评估方法

上述七种评价方法，可以分为两类：一类是绝对评价；另一类是相对评价。

KPI打分（百分制）是实践中用得最多的一种，但百分制的背后，有很多不合理的地方。这些问题表现在：

一是集中效应。评价人不愿意拉开团队差距，相互的得分呈现集中的趋势，相互的差别极小，如 89 分、90 分和 91 分，我甚至还见到过用二位小数点区分团队的情况。

二是主观效应。不同的人打分，存在主观偏差，有的人手松，有的人手紧，同样是 90 分，但其含金量不相同。

三是横向比较。每一个人的工作岗位与职责不同，但是基于百分制的对比，就如鸡同鸭讲，梨同苹果比，一定是不公平。打一个比方，有的人考的是物理，有的人考的是化学，二者的考分不具备可比性。

四是简单主义。基于百分制，对团队成员的绩效进行排队，最常见的错误之一，就是按 KPI 的得分的高低进行排序，然后分段评级。比如，90 分以上的绩效为“A”，80 分至 89 分区间的绩效就是“B”，60 分至 80 分的得“C”，60 分以下的得“D”。这种百分制的方式，看似公平合理，其实存在隐患。比如，为了团队的小利益，为了不得罪人，团队领导往往会给团队的成员都打 90 分以上，让大家都得“A”。

如何解决上述的问题与挑战，需要运用绝对评价与相对评价二种方式，于是便有了强制性分布的绩效战略。强制性分布，首先是强制性分段，把团队分成 A、B、C 三档（也可以是四档或五档，基于公司情况）；其次是强制性比例，最常见的比例是 20/70/10，即 A 占 20%，B 占 70%，C 占 10%（也可以是其他的比例，基于公司战略需要）。实施强制性分布的基础方法，是以 KPI 的得分为基础做大排队，然后找出 Top 20（前 20 名）和 Bottom 10（倒数 10 名）。为了减少人为偏差，在机制上，可以让领导对排队结果做一些微调，以求最大的公平。这便是强制性分布的背后机制。对绝大多数的企业和团队而言，有强制性分布比没有强制性分布要好。华为也好，阿里巴巴也好，目前也都实行严格的绩效强制性分布政策。

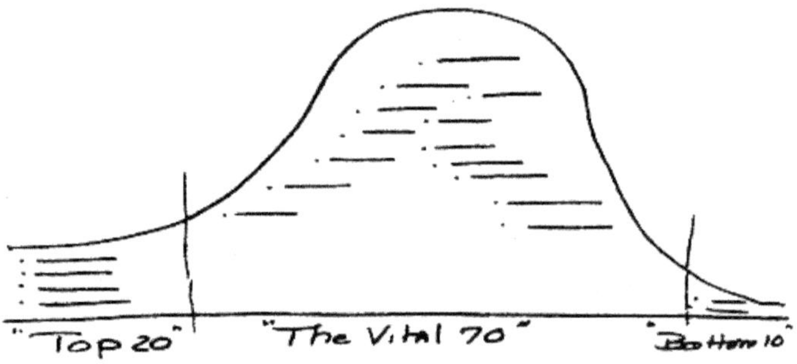

附图 -18　绩效考评结果强制性分布：强制末位与淘汰是否科学

但凡涉及评价，都是复杂的。没有一种方法，可以做到百分之百完美。强制性分布也一样。下面是两种常见的问题。

第一，团队不大，团队的每一名成员都表现良好，而且大家做的工作性质不同，内容不一，怎么办？在微软，就曾经有这样的一个团队。团队成员都是名牌大学毕业，拥有博士学位，个个都表现很好，想留他们都不容易。如果非要把一个人评为“C”，确实勉为其难，也不是公司的战略。管理是工具，不是目的。在绩效管理中，我们设计有一个流程，这个流程叫作申诉流程。直线经理如果认为自己的团队真的表现很好，个个都很优秀，可以走申诉流程，向上级领导或绩效管理委员会提出申诉，用事实和证据，证明自己团队的优秀，可以没有“C”。这叫例外管理，这叫流程的力量。绩效管理中的特殊情况，可以特殊处理，避免教条主义的错误。

第二，不同岗位之间的攀比问题。岗位之间的区别，是一个客观存在。如何做好岗位价值评价，以及为项目设定技术难度系数，是一个专业技术问题。国际上的一些大公司有这方面的成熟解决方案，各种评价和分析工具，也早已本土化。但无论哪家的评价方案，也只能是相对科学和公平，横向攀比问题，最后还必须回到文化和公司的战略。足球场上的前锋和后卫，谁应该拿钱更多，还是要把这项工作交给教练。通常的做法，一是眼睛向外，对标市场；二是眼睛向内，对标数据表现。谁对球队的价值贡献大，即使没有数据，教练的心中也还是有一杆公平称。

绩效强制性分布后，绩效是否兑现，是与绩效奖金挂钩，是强挂钩还是弱挂钩，末位是否淘汰，又是另外一个话题。总的说来，绩效结果，如果能同金钱挂钩最好，但如果不能，也不要否定绩效管理的目的和意义。绩效的奖励，可以是多元的，不仅仅是同绩效奖金挂钩。

绩效管理工作确实是一项复杂的工程，它不仅涉及人的钱财，还影响人的职业生涯，甚至政治生命。绩效管理作为一把手工程，是公司战略执行与落地的体系保障，一把手必须重视，必须亲自参与，必须成为绩效管理专家；另外，直线经理要懂绩效管理，学习绩效管理，把绩效管理当作一个抓手，倒逼自己管理进步，帮助团队提升执行力。理想很丰满，现实很骨感。在绩效管理方面，企业中高管大多培训严重不足、学习不够，公司推行绩效管理，要么霸王硬上弓，要么应付了事。更恶劣的一种情形，是大家都认认真真走过场，但绩效管理真真切切没有作用。这不仅害人害己，浪费企业宝贵的资源，还会破坏企业的文化。危机企业，在转型、创新和升级的大背景下，该是重视绩效管理的时候了。绩效都没有，谈什么转型、创新和升级？